CRENÇAS

caminhos para a saúde e o bem-estar

Dados Internacionais de Catalogação na Publicação (CIP)
(Câmara Brasileira do Livro, SP, Brasil)

Dilts, Robert B.
Crenças: caminhos para a saúde e o bem-estar / Robert Dilts; Tim Hall-bom; Suzi Smith [tradução: Heloísa Martins-Costa]. - São Paulo : Summus, 1993.

Bibliografia
ISBN 978-85-323-0432-2

1. Programação neurolingüística. I. Título. II. Hallbom, Tim.
III. Smith, Suzi.

93-2436 CDD-158.1

Índice para catálogo sistemático:

1. Programação neurolingüística : Psicologia aplicada 158.1

CRENÇAS

caminhos para a saúde e o bem-estar

Robert Dilts

Tim Hallbom e
Suzi Smith

Do original em língua inglesa
BELIEFS
Pathways to helth & well-being

Tradução: **Heloísa Martins-Costa**
Capa: **Camila Mesquita**

Summus Editorial
Departamento editorial
Rua Itapicuru, 613 – 7º andar
05006-000 – São Paulo – SP
Fone: (11) 3872-3322
http://www.summus.com.br
e-mail: summus@summus.com.br

Atendimento ao consumidor
Summus Editorial
Fone: (11) 3865-9890

Vendas por atacado
Fone: (11) 3873-8638
e-mail: vendas@summus.com.br

Impresso no Brasil

Dedicatória

A minha mãe, Patricia,
que me ensinou a viver
a meu pai, Robert,
que me ensinou sobre a vida
a minha mulher, Anita,
que me ensinou sobre o amor
e a meu filho, Andrew,
que me ensinou a ser.

Robert Dilts

Sumário

Agradecimentos

A lista de pessoas a quem agradecer em um trabalho desta natureza é ampla e profunda. As pessoas que contribuíram tanto intelectual como operacionalmente para o material aqui apresentado não apenas fazem parte da minha história pessoal, como da história como um todo. Pessoas como Aristóteles, Sigmund Freud, Konrad Lorenz, Fritz Perls e outros, que lançaram a base para a nossa atual compreensão da psique humana, estão entre os que merecem meus agradecimentos. John Grinder e Richard Bandler, os dois criadores da Programação Neurolingüística, contribuíram de maneira ímpar para o trabalho que segue: não só como criadores de muitos dos princípios e técnicas a partir dos quais os processos aqui descritos se originaram, mas também como mentores e amigos pessoais. Dentre as outras pessoas cujo trabalho influenciou o material constante deste livro encontram-se Milton Erickson, Gregory Bateson e Timothy Leary. Tive o imenso privilégio de estudar com eles diretamente.

Gostaria de agradecer ainda à Virginia Satir, cujo trabalho também contribuiu para o material aqui apresentado. A meu colega, Todd Epstein, que funciona como primeiro filtro de todas as minhas idéias, por ter me ajudado constantemente. Gostaria de agradecer ainda aos meus colegas da PNL, a todos os instrutores e a todas as pessoas a quem tive oportunidade de ajudar, com quem pude aprender em meu trabalho com crenças e em minha luta para entender e aprofundar o processo de bem-estar, escolha e criatividade do ser humano. Por último, mas sem dúvida não menos importante, à minha mãe, a principal guia para a compreensão vivencial e intuitiva e para o desenvolvimento do material deste livro.

Robert Dilts

Gostaríamos de acrescentar outros agradecimentos. A Dave Young, que contribuiu com a transcrição do capítulo sobre alergias; a Michael e Diane Philips, da Anchor Point, que ajudaram a selecionar as várias sugestões que recebemos; a Paula Walters, que nos apoiou desde o início; ao Eastern Institute of NLP, que nos ofereceu transcrições de seminários; e a Steve e Connirae Andreas, da NLP Comprehensive, que nos emprestaram fitas de áudio e de vídeo dos seminários realizados por Robert e ainda nos ajudaram na edição das fitas. E ainda a Dale L. Longworth, que nos ajudou no índice remissivo, e Lynn Turner, na datilografia. Também gostaríamos de agradecer a todos os nossos amigos, alunos e colegas, que nos incentivaram a continuar este trabalho.

Suzi Smith e Tim Hallbom

Introdução

A mudança é um processo em vários níveis... Fazemos mudanças no ambiente em que vivemos. Fazemos mudanças nos comportamentos, com que interagimos com o ambiente em que vivemos. Fazemos mudanças em nossas capacidades e nas estratégias, com que dirigimos e guiamos nosso comportamento.

Fazemos mudanças em nossas crenças e nos sistemas de valores, com que motivamos e reforçamos nossos sistemas e mapas de orientação.

Fazemos mudanças em nossa identidade, com a qual selecionamos os valores e crenças que orientam nossas vidas.

Fazemos mudanças em nosso relacionamento com as coisas maiores do que nós, aquelas que a maioria das pessoas chama de coisas espirituais.

Este livro trata da obtenção de mais escolhas em um nível específico de mudança — o nível das crenças. O objetivo deste livro é fornecer as ferramentas conceituais e interativas necessárias à compreensão e à obtenção de mais escolhas dentro do sistema de crenças que orienta nosso comportamento no mundo em que vivemos.

Comecei a estudar mais profundamente o processo de mudança de crenças em 1982, quando minha mãe teve uma recidiva de um câncer de mama, com uma metástase profunda e poucas chances de recuperação. Foi enquanto a ajudava no dramático e heróico caminho da recuperação, do qual descrevo alguns elementos neste livro, que me liguei intimamente aos efeitos das crenças sobre a saúde e a outros níveis de mudança necessários para que uma mudança comportamental seja completa e duradoura.

O primeiro seminário sobre "crenças e saúde" foi realizado em dezembro de 1984. A maioria dos conceitos e técnicas descritas neste livro é o resultado desse programa, dos programas que se seguiram e também do trabalho que fiz com pessoas que estavam passando por mudanças que afetavam sua saúde e transformavam sua vida. Embora as raízes dos conceitos e técnicas apresentados neste livro tenham tido uma repercussão profunda e ampla, eles baseiam-se fundamentalmente nos princípios e técnicas da Programação Neurolingüística. As fontes do material aqui incluído foram principalmente seminários avançados de PNL, nos quais a questão das crenças estava sendo apresentada e tratada como um conhecimento de nível avançado.

Este livro foi escrito de forma que o leitor possa se sentir um participante de um seminário real. Imagine-se presente, vendo os exemplos, ouvindo as perguntas e respostas e participando dos debates e exercícios.

O objetivo principal deste livro é fornecer a maneira de criar uma mudança de crença — embora eu espere que o leitor também possa se inspirar nos conceitos e exemplos das pessoas que fazem parte do livro.

Também gostaria de avisar que a PNL está se desenvolvendo com tal rapidez que já temos atualizações e novas técnicas, suficientes para a publicação de um segundo volume. Portanto, recomendo que o leitor veja neste livro uma forma de expandir suas próprias crenças a respeito das responsabilidades e métodos envolvidos no processo de mudança duradoura, e não apenas uma descrição de técnicas ou procedimentos.

1

Crenças: identificação e mudança

Em 1982, a vida da minha mãe chegara a um ponto de transição. Muitas coisas estavam mudando para ela. Com o filho mais novo saindo de casa, ela estava sendo obrigada a encarar o que isso significava para a sua vida. A firma jurídica em que meu pai trabalhava estava fechando, e ele decidira abrir seu próprio escritório. A cozinha, o coração da casa, havia se queimado, e ela sentia-se frustrada e chateada, porque aquele era "o seu lugar", representava de certa forma sua identidade dentro do sistema familiar. Além disso tudo, ela estava trabalhando muito como enfermeira para vários médicos e "*morrendo* de vontade de tirar umas férias".

Em meio a todo esse estafante processo de mudanças, ela teve uma recaída de câncer de mama, o que criou uma metástase para o crânio, a espinha dorsal, as costelas e a pélvis. O prognóstico dos médicos não era nada bom: eles basicamente disseram-lhe que fariam o possível para "lhe dar o máximo de conforto".

Minha mãe e eu passamos quatro longos dias trabalhando suas crenças sobre si mesma e sobre sua doença. Usei todas as técnicas de PNL que me pareceram adequadas. Era um trabalho muito cansativo para ela. O tempo em que não estávamos trabalhando, ela comia ou dormia. Ajudei minha mãe a modificar algumas crenças limitadoras e a integrar conflitos importantes, causados por todas as mudanças que haviam ocorrido em sua vida. Como resultado do trabalho que fizemos com suas crenças, ela teve uma melhora formidável em sua saúde e decidiu não mais seguir o tratamento quimioterápico, de radiação ou qualquer outro tipo de terapia tradicional. No momento em que comecei a escrever este livro (sete anos mais tarde), sua saúde estava excelente, sem nenhum sintoma de câncer. Ela nada um quilômetro várias vezes por semana e vive uma vida plena e prazerosa, que inclui viagens à Europa e papéis em comerciais para a televisão. Tornou-se fonte de inspiração para todos os que sofrem de doenças consideradas fatais.

O trabalho que fiz com minha mãe foi essencial para o desenvolvimento dos modelos de PNL no trabalho com a saúde, crenças e sistemas de crença. Os modelos que uso atualmente evoluíram consideravelmente nos últimos sete anos e serão tratados neste livro.

Mesmo antes de trabalhar com minha mãe, eu estava curioso sobre os sistemas de crença, percebia que, mesmo depois de um trabalho "bem-sucedido" de PNL, algumas pessoas não mudavam. Ao examinar as causas disso, com freqüência descobria que as pessoas tinham crenças que de certa forma negavam a mudança que desejavam obter. Um exemplo típico aconteceu durante uma palestra para professores de educação especial. Uma professora levantou a mão e disse: "Sabe, acho que a estratégia para soletrar corretamente é ótima, e eu a uso com todos os meus alunos. Mas para mim ela não funciona". Fiz um teste com ela e descobri que na verdade a estratégia de PNL *funcionava* com ela. Podia ensiná-la a soletrar uma palavra corretamente, de trás para a frente e de frente para trás. Entretanto, como não *acreditava* que podia soletrar, ela depreciava sua nova capacidade. Essa crença fazia com que ela anulasse todos os indícios de que realmente podia soletrar.

Os sistemas de crença são a grande moldura de qualquer trabalho de mudança. No momento em que as pessoas estão vivas e podem assimilar informações, é possível ensiná-las a soletrar. No entanto, se elas acreditarem que não podem fazer uma coisa, vão descobrir uma maneira inconsciente de evitar que a mudança ocorra. Vão encontrar uma forma de interpretar os resultados de modo que possam conformá-los às suas crenças. Para fazer com que aquela professora usasse a estratégia para soletrar corretamente, era preciso, antes de mais nada, trabalhar sua crença limitadora.

Um modelo de mudança com a PNL

Ao trabalhar com qualquer crença limitadora, o objetivo é, partindo do estado atual, chegar ao estado desejado. O primeiro e mais importante passo é identificar o estado desejado. É preciso ter uma representação clara do objetivo final. Por exemplo, quando trabalhamos com um fumante, é preciso fazer com que ele pense no que fará com seus amigos e conhecidos, com seu trabalho, seu lazer etc. quando parar de fumar. Quando ajudamos a pessoa a estabelecer seu objetivo, estamos iniciando o processo de mudança, porque o cérebro é um mecanismo de cibernética. Isto significa que, a partir do momento em que ela tenha certeza do seu objetivo, seu cérebro irá organizar seu comportamento inconsciente para poder atingi-lo. Ela começará automaticamente a obter informações autocorretivas, que a manterão no caminho em direção ao objetivo desejado.

Há pouco tempo, tomei conhecimento de uma pesquisa que confirma esse fato. Em 1953, numa tese de mestrado apresentada numa universidade do leste dos Estados Unidos sobre a fixação de objetivos, um pesquisador descobriu que apenas 3% dos alunos tinham colocado por escrito seus objetivos de vida. Em 1973, os ex-alunos da turma de 53 foram entrevistados, e descobriu-se que os 3% que haviam colocado por escrito seus objetivos tinham ganho mais dinheiro do que todo o resto da turma. Este é um exemplo de como o cérebro pode organizar o comportamento para atingir um objetivo.

Após identificar o que se deseja, é necessário reunir informações sobre a situação atual, isto é, o estado atual em que a pessoa se encontra. Ao comparar o estado atual com o estado desejado, é possível determinar que habilidades e recursos são necessários para atingir o estado desejado.

A fórmula de mudança

Apresento minha fórmula simples de mudança na PNL:

Estado atual (problema) + Recursos = Estado desejado

Este é basicamente o processo usado em todas as técnicas específicas que a PNL desenvolveu ao longo dos últimos dezessete anos. Às vezes temos dificuldade em acrescentar os recursos ao estado atual. Algo no pensamento da pessoa interfere. Então, obtemos o seguinte modelo:

Estado atual + Recursos = Estado Desejado

↑ ↑ ↑

Interferências
(inclusive as crenças limitadoras)

Como reconhecer e trabalhar com as interferências

Costumo brincar que as interferências são "terroristas internos" que sabotam nossos melhores esforços. Infelizmente, não é possível prender esse "terrorista" porque ele é um lado da pessoa que precisa ser desenvolvido e incorporado, e não simplesmente destruído. Devemos considerar a interferência como uma mensagem de que *outro conjunto de recursos* é necessário antes que possamos ir em direção ao estado desejado.

Uma típica interferência é aquela que existe *dentro* do indivíduo. Às vezes, vemos a pessoa tentar atingir um estado desejado sem se dar conta conscientemente de que está obtendo benefícios do problema que tenta superar. Vou dar alguns exemplos de como isso funciona.

Pode ser que uma mulher tenha dificuldade em perder peso porque tem medo de que as pessoas se sintam atraídas sexualmente por ela. Perder peso criaria ansiedade, porque ela não sabe se será capaz de lidar com esse tipo de situação.

Quando um homem fica doente e recebe uma atenção especial de sua família, o que não é habitual, esta *situação* pode tornar-se uma motivação para continuar doente. Quando está com saúde, ele não recebe a atenção que deseja.

Lembro-me de um rapaz que tinha câncer no fígado. Quando lhe perguntei se algum lado seu se opunha à sua recuperação, ele demonstrou uma certa hesitação. Um lado seu estava preocupado, pois ele já tinha dado uma festa de despedida para os amigos, onde todos haviam chorado. Esse lado seu achava que, se ele recuperasse a saúde, não conseguiria sobreviver àquela imensa emoção. A partir dali nada valia a pena, pois já tinha tido a maior experiência da sua vida, a da cerimônia do adeus. Sua incapacidade de ultrapassar essa experiência excepcional era uma interferência. Eu tinha de lidar com ela antes de poder acrescentar outros recursos.

As interferências podem ser de três tipos. O primeiro ocorre quando algum lado da pessoa *não deseja* a mudança. Em geral, a pessoa não tem consciência desse seu lado. Trabalhei com um homem que queria deixar de fumar. Todos os seus lados conscientes concordavam com isso. Entretanto, havia um lado inconsciente de "15 anos de idade" que achava que deixar de fumar seria um ato de conformismo. Caso deixasse de fumar, não seria mais ele mesmo. Precisei cuidar dessa questão de identidade antes de lhe oferecer maneiras adequadas para se tornar uma pessoa independente. Para criar mudanças, deve-se *desejar* mudar de maneira congruente.

Um segundo tipo de interferência ocorre quando a pessoa não sabe *como* criar uma representação da mudança ou como agiria se mudasse. É preciso *saber como* passar do estado atual ao estado desejado. Certa vez, trabalhei com um menino que tinha uma estratégia auditiva de ortografia e por isso não conseguia escrever corretamente. Ele tentava resolver o problema falando em voz alta as letras. É óbvio que não conseguia escrever direito, pois para fazê-lo bem é necessário "enxergar" a palavra e ter uma sensação de familiaridade ou de falta de familiaridade. Eu lhe ensinei a estratégia ortográfica de memória visual da PNL, e isso lhe deu a possibilidade de escrever corretamente.

Isto nos leva ao terceiro tipo de interferência. Uma pessoa precisa se dar a *chance* de usar o que acabou de aprender. Existem muitas maneiras pelas quais as pessoas não se dão a chance de mudar.

Uma pessoa geralmente precisa de tempo e espaço para que a mudança aconteça. Se alguém tentou uma estratégia efetiva para perder peso e não viu resultados em poucos dias, não se deu a "chance" de mudar. Portanto, só ao se dar tempo a pessoa estará criando a oportunidade de que necessita.

Outro exemplo dessa falta de oportunidade foi demonstrado quando Tim Hallbom e Suzi Smith conversavam certa vez com uma professora de faculdade sobre como ajudar as pessoas a criarem mudanças em suas vidas. A professora disse: "Li sobre a técnica para curar fobias em *Usando a sua mente*, mas nunca a utilizei porque acho que é 'rápida' demais". Ela achava que, para ser efetiva, a mudança deveria ser um processo longo e doloroso. Tim e Suzi disseram: "Já usamos este processo muitas vezes e temos provas de que ele dura muito tempo". Ela respondeu: "Pouco me importa se dura. Ainda assim, é rápido demais". A professora era uma pessoa que *queria* ajudar os outros de maneira mais eficiente, mas não sabia *como*, pois não se dava a chance de aprender devido à sua crença rígida e limitadora sobre a maneira como a mudança deveria ocorrer.

Resumo

Em resumo, podemos criar mudanças:

1. identificando o estado atual;
2. identificando o estado desejado;
3. identificando os recursos adequados (estados internos, fisiologia, informações ou habilidades) necessários para passar do estado atual ao estado desejado;
4. eliminando quaisquer interferências por meio do uso desses recursos.

É preciso *querer* mudar, *saber como* mudar e se dar a chance de mudar.[1]

Outros elementos que influenciam a mudança

Existem quatro elementos adicionais relacionados ao fato de se desejar mudar, saber como mudar e se dar uma chance de mudar. Esses elementos são: (1) fisiologia, (2) estratégias, (3) congruência e (4) sistema de crenças. Qualquer mudança será de alguma forma influenciada por esses elementos. Vamos dividi-los da seguinte maneira:

- A fisiologia e as estratégias têm a ver com o "saber *como* fazer a mudança". Como a pessoa *executa* um comportamento específico?
- A congruência e as crenças têm a ver com o "*querer* fazer" ou com o "se dar a *chance*" de fazer. A pessoa tem de assumir um compromisso pessoal pleno, sem lutar contra si mesma ou contra outras pessoas, para ser capaz de atingir seu objetivo. Tem de acreditar que é possível conseguir o que quer.

1. Fisiologia

A fisiologia, no sentido em que estou usando o termo, tem a ver com o acesso aos estados corporais corretos, com atingir os processos fisiológicos na modalidade adequada (visão, audição e tato) para fazer uma determinada coisa. Vou dar alguns exemplos. Estudei leitura dinâmica durante alguns anos e descobri que as pessoas que lêem rápido usam totalmente a fisiologia.

Um homem que observei faz o seguinte para se preparar para ler: pega um livro, coloca-o sobre a mesa e depois se afasta, como que se preparando para mergulhar nele. Volta a se aproximar, pega o livro, vira-o rapidamente nas mãos e afasta-se novamente. Então, *realmente* se prepara. Estala os dedos, afrouxa o colarinho, respira profundamente, pega novamente o livro, senta-se e passa a ler rapidamente. Sugiro que o leitor experimente... parece um tremor de terra. Depois de se passar pelo processo inteiro de preparação, é impossível ler devagar! Por outro lado, quando queremos ler rápido e... (suspiros...) nos sentamos muito à vontade, vai ser um pouco mais difícil ler rapidamente.

Um outro exemplo. Quando ensinamos alguém a fazer visualizações, como parte do processo de mudança, devemos fazer mais do que simplesmente dizer-lhe para criar uma imagem. É preciso também que a pessoa adote a fisiologia adequada. Por exemplo, se uma mulher diz que não sabe por que não consegue criar uma imagem, devemos observar sua postura. Se está sentada à vontade, respirando profundamente, em uma postura cinestésica, ou deixa a cabeça pender para baixo e à esquerda, não é de surpreender que ela não possa criar uma imagem visual, já que seu corpo está numa posição associada a sentimentos e à audição, e não à visão.

Minha metáfora para a fisiologia (que chega a mudanças fisiológicas sutis, como os olhos voltados para cima para criar imagens e para baixo no caso de sentimentos e sons) é a de um receptor de televisão ou rádio. Existem vários canais que transmitem ondas de televisão. O televisor tem uma configuração fisiológica que permite que essas ondas sejam captadas. Quando ligamos a televisão no canal 7, ela pega a freqüência dessas ondas, com pouquíssima interferência por parte das demais ondas.

As pessoas funcionam mais ou menos da mesma maneira. Se quero criar imagens internas, olho para cima e para a direita, minha respiração torna-se superficial e meu corpo fica mais ereto. Então sou capaz de criar uma imagem.

Às vezes, quando ligamos a televisão no canal 3, temos interferência do canal 4. Isso também acontece com a nossa mente. Criamos a imagem que queremos, mas ela vem acompanhada de uma voz que não combina... Uma voz que diz: "Você não é capaz de fazer isto". Portanto, temos o som de outro canal — o canal auditivo. Se usarmos a fisiologia de maneira correta, podemos nos comportar como queremos e chegar ao resultado desejado.

2. Estratégias

Em PNL o termo "estratégias" é usado para descrever como as pessoas colocam em seqüência suas imagens internas e externas, sons, sensações, paladar e olfato, a fim de produzir uma crença, um comportamento ou um padrão mental. (Referimo-nos aos cinco sentidos como representações ou modalidades. Nunca vivenciamos o mundo de maneira direta — nós o "representamos" para nós mesmos, através de imagens, sons, vozes e sensações cinestésicas.) Uma estratégia eficiente usa as representações mais adequadas na seqüência mais apropriada para atingir um objetivo.

Por exemplo, quando o objetivo é escrever corretamente uma palavra, as pessoas que têm uma boa ortografia quase sempre criam uma imagem lembrada da palavra e depois verificam suas sensações para certificarem-se de que a imagem que criaram está "correta". As pessoas que não sabem escrever corretamente usam estratégias ineficazes, como por exemplo tentar lembrar a palavra foneticamente ou criar uma imagem da palavra a partir do som. Nenhuma dessas estratégias dá certo para se aprender bem ortografia.

No caso da leitura dinâmica, enquanto a pessoa repetir o que lê em voz baixa, a velocidade da leitura estará limitada à velocidade com que ela consegue falar. Independentemente do estado fisiológico em que se encontra, em algum momento ela irá atingir um limite na velocidade de leitura. Se a pessoa repetir em voz baixa o que está lendo, em vez de visualizar as palavras, lerá mais devagar, pois as palavras vêm em seqüência. Para aumentar a velocidade de leitura, é necessário visualizar as palavras e formar imagens diretas do seu significado.

Um dos elementos que faz de uma pessoa um bom atleta é sua capacidade de observar o desempenho de outra pessoa e "entrar" nos movimentos dela. Há quem pense que essas pessoas são boas porque têm uma coordenação motora melhor do que outras. Mas o que lhes permite essa boa coordenação? É o mapa mental que utilizam — a seqüência de representações e as submodalidades que usam? (Submodalidades são qualidades ou pequenos elementos dentro de cada modalidade. Por exemplo, algumas das modalidades dentro do sistema representacional visual incluem a luminosidade, a claridade, o tamanho, a localização e o enfoque; no sistema auditivo, o volume, a cadência, a localização do som; no cinestésico, pressão ou duração do toque. Mudando as submodalidades ou a seqüência das representações, estaremos mudando a experiência subjetiva de qualquer acontecimento, muitas vezes de maneira profunda.)

Todos nós temos "talentos", não porque somos mais inteligentes ou possuímos genes de melhor qualidade, mas porque conseguimos construir representações fortes de uma habilidade ou de um comportamento rápida e eficientemente. Para exemplificar o que estou dizendo, peço ao leitor que pense em alguma matéria escolar que aprendeu rápida e facilmente, alguma matéria para a qual tinha talento. Em seguida, pense em outra matéria na qual tinha dificuldade. Observe a diferença na maneira como cada uma é representada. A diferença de "talento" está na estratégia utilizada.

3. Congruência

A congruência ocorre quando assumimos um compromisso plenamente consciente e inconsciente para atingir um objetivo ou comportamento específico. Comer de maneira correta e manter um peso adequado será fácil se todos os nossos "lados" assim o desejarem, se usarmos a fisiologia adequada e tivermos boas estratégias para selecionar e ingerir os alimentos. Será muito difícil, porém, se acreditarmos que, comendo de uma maneira saudável, estaremos eliminando um prazer de nossas vidas. Podemos adotar a melhor das fisiologias e aprender estratégias eficientes, mas não conseguiremos comer de uma maneira saudável se não o desejarmos de maneira congruente.

A incongruência geralmente explica por que é tão difícil modificar alguns comportamentos. Questões como fumar, beber demais, emagrecer etc. são problemáticas porque, enquanto um lado nosso quer mudar, outro lado (em geral, um lado inconsciente) obtém um ganho positivo do comportamento que queremos modificar.

Certa vez, ao trabalhar com uma mulher que queria emagrecer, lhe perguntei: "Pode me dizer como você seria se voltasse a ser magra?". Ela respondeu: "Sei exatamente como eu seria. Seria como era quando me consideravam uma rainha da beleza e eu não gostava de mim". Não é de admirar que ela tivesse tentado emagrecer durante anos, sem resultado. Quando ela era uma rainha da beleza, não tinha controle sobre sua vida. Ser capaz de comer o que quisesse, quando quisesse, significava para ela ter controle sobre sua vida. Ser magra significava ter alguém controlando tudo o que fazia e julgando-a o tempo todo. Para ela, isso tinha muito mais importância do que "apenas perder peso".

Quando colocamos nossos recursos e nossa energia num objetivo sobre o qual não temos congruência, há sempre um lado nosso que lutará contra a mudança e provavelmente evitará que ela aconteça. Já me referi a esse lado como o nosso "terrorista interno". Se formos congruentes com aquilo que queremos, será muito mais fácil encontrarmos maneiras de atingir o objetivo desejado.

Caso estejamos num sistema mais amplo, numa empresa, por exemplo, e houver algum tipo de incongruência entre os objetivos e valores dos colegas de trabalho, qualquer projeto que tentemos implantar criará uma possibilidade de conflito. Quando não existe congruência, podemos ter os melhores funcionários, os melhores consultores, o melhor equipamento, o melhor material de consulta, e ainda assim não conseguiremos atingir os resultados desejados.

Os conflitos internos (incongruências) podem assumir várias formas. Pode haver incongruência entre o que se *deve fazer* e o que se *deseja fazer*. Por exemplo, uma pessoa pode pensar que *deve* deixar de fumar por uma questão de saúde, mas o que ela realmente *deseja* é continuar fumando, por ser a única coisa que consegue fazer por si mesma.

Pode haver incongruência sobre o que *se pode* ou *não se pode* fazer. Sabemos que *podemos* pedir um aumento de salário porque o merecemos, mas simplesmente *não conseguimos* pedi-lo. É mais difícil identificar as crenças sobre "não poder" porque a pessoa diz: "Sim, *quero* fazer isso, mas *não consigo*". Pode *parecer* que a pessoa está sendo congruente (especialmente para si própria), mas algo a impede de fazer o que realmente deseja. Em geral, a pessoa tem a impressão de estar sendo internamente sabotada. (O "terrorista" emerge.) As crenças sobre "não poder" geralmente vêm de impressões inconscientes. Falaremos mais sobre impressões no capítulo 4.

4. Crenças e sistema de crenças

As crenças representam uma das estruturas mais importantes do comportamento. Quando realmente acreditamos em algo, nos comportamos de maneira congruente com essa crença. Existem vários tipos de crenças que precisam estar no seu devido lugar para que a pessoa possa atingir o objetivo desejado.

Um tipo de crença é a chamada *expectativa do objetivo desejado*. Isto significa que acreditamos que nosso objetivo é alcançável. No campo da saúde, isto significa que acreditamos ser *possível* uma pessoa curar-se de um câncer. Quando não acredita que um objetivo possa ser atingido (como se curar de uma doença, por exemplo), a pessoa sente-se sem esperança. E quando se sente sem esperança, não faz o necessário para se curar. Portanto:

Nenhuma expectativa de atingir o objetivo = Desesperança

Outro tipo de crença é a chamada *expectativa de auto-eficácia.*[2] Isto significa que a pessoa acredita que o objetivo seja possível e *tem* o que é preciso para atingi-lo. Relacionando esta afirmação com o campo da saúde, isto significa que acreditamos ter os recursos necessários para a cura (mesmo sabendo que é necessário reorganizar esses recursos).

Uma pessoa pode acreditar que um objetivo, por exemplo, curar-se de um câncer, é possível para os *outros*, mas não para si própria. Quando alguém acredita que não possui o necessário para se curar, enfrenta um sentimento de desamparo. Nenhuma expectativa de auto-eficácia equivale a uma sensação de desamparo, e esta também leva à inação. Daí que:

Nenhuma expectativa de auto-eficácia = Desamparo

Ambas as crenças são essenciais para nos levar a agir em direção aos objetivos desejados. Quando sente ao mesmo tempo desesperança e desamparo, a pessoa se torna apática. Isto pode reapresentar um grave problema quando se está trabalhando com doenças fatais. Quando o terapeuta está fazendo um trabalho de crença com alguém, talvez precise trabalhar com uma ou ambas dessas crenças.

Quando pedimos a uma pessoa que determine sua expectativa de objetivo e/ou de auto-eficácia, com freqüência verificamos uma incongruência. Por exemplo: diante da pergunta "Acredita que vai se curar da doença?", a resposta verbal será com freqüência "Claro", acompanhada, no entanto, de um movimento de cabeça que indica uma negação não-verbal. Se trabalharmos com a pessoa somente baseados no que ela *diz*, perderemos metade da mensagem. Quando alguém nos manda uma mensagem incongruente dessa natureza, é interessante trabalhar com as partes conflitantes usando a "Estrutura de Negociação" (que veremos no capítulo 5) para estabelecer crenças adequadas de expectativa de auto-eficácia e de objetivo desejado.

Expectativa de reação e o efeito placebo

Outra crença que vale a pena conhecer é a chamada *expectativa de reação.*[3] A expectativa de reação é aquilo que esperamos que aconteça, seja positiva ou negativamente, como resultado das atitudes que tomamos em determinada situação. O efeito placebo é um exemplo de expectativa de reação.

O efeito placebo acontece quando a pessoa reage positivamente a uma "droga" fisiologicamente inativa — uma pílula de açúcar ou qualquer outro ingrediente inerte. Quando damos um placebo a alguém dizendo que produzirá um certo efeito, com freqüência ele ocorre. Os placebos têm uma alta taxa de êxito. Na média, funcionam tão bem quanto as drogas verdadeiras em aproximadamente um terço dos casos.

Alguns anos atrás, revi uma quantidade considerável de pesquisas porque Bandler e Grinder queriam comercializar os placebos. Pensavam em engarrafá-los e rotulá-los como "placebos". Acompanhando a garrafa, um folheto explicaria que aquele determinado placebo tinha se mostrado eficaz no tratamento de diferentes enfermidades em "x" número de casos. A pessoa olharia a lista e descobriria suas possibilidades de sucesso com base nas estatísticas.

Minha pesquisa mostrou algumas estatísticas interessantes. No caso da dor, foi demonstrado em pesquisa que os placebos podem funcionar tão bem quanto a morfina em 51 a 70% dos pacientes.[4]

Outro estudo analisou os placebos do ponto de vista oposto.[5] Nesse estudo, os pesquisadores queriam descobrir se as pessoas que reagiam bem a placebos reagiriam igualmente bem aos medicamentos verdadeiros, e portanto lhes deram morfina. Descobriram que 95% das pessoas que reagiam bem ao placebo também reagiam positivamente à morfina. Em comparação, apenas 54% das pessoas que não reagiam aos placebos sentiam alívio com a morfina verdadeira — uma diferença de 41%. Portanto, aqueles que tinham alta expectativa de reação para o alívio tiveram alívio. Com esse tipo de dados em mãos, ficamos pensando sobre a eficácia de certos medicamentos.

Outro estudo interessante demonstrou que a expectativa de reação (a crença sobre o que o remédio fará) era o fator que mais influía nos resultados.[6] Tratava-se de um estudo sobre a reação à ingestão de álcool; os sujeitos foram divididos em quatro grupos:

1. pessoas às quais foi dito que iam receber álcool e realmente receberam;
2. pessoas às quais foi dito que iam receber álcool e não receberam;
3. pessoas às quais foi dito que não iam receber álcool e receberam;
4. pessoas às quais foi dito que não iam receber álcool e realmente não receberam.

Os dois grupos que julgavam ter ingerido álcool apresentaram reações praticamente idênticas, muito diferentes da das pessoas às quais foi dito que não iam receber álcool, mas receberam. As pessoas que acreditavam ter ingerido álcool começaram a querer maiores quantidades. Os homens que julgavam estar recebendo álcool (quer recebessem realmente ou não) tendiam a apresentar uma diminuição do número de batimentos cardíacos quando eram colocados em situações "produtoras de ansiedade sexual". Os grupos que julgavam não estar recebendo álcool (quer recebessem realmente ou não) apresentaram, nas mesmas situações, um número de batimentos mais elevado.

Os pesquisadores concluíram que, além do efeito farmacológico causado pela droga, ocorre *também* um efeito causado pela expectativa. O estudo também indicou que a expectativa de reação é o elemento mais importante, pelo menos nos comportamentos afetados pelo álcool. Outro estudo revelou que homens e mulheres reagiam de forma diferente em termos fisiológicos. Os pesquisadores disseram que não podiam explicar essa diferença simplesmente a partir dos efeitos farmacológicos causados pelo álcool ou das diferenças fisiológicas existentes entre homens e mulheres. Concluíram que as reações eram decorrentes das crenças.[7]

Em essência, esses estudos apontam na mesma direção. O efeito placebo (a expectativa de reação da pessoa) é um componente importante de comportamento e de mudança.

Muitas crenças têm a ver com a expectativa. Se não esperamos ficar curados, não fazemos tudo o que pode nos ajudar a melhorar — sobretudo as coisas mais difíceis. Em outras palavras, se não nos acreditamos capazes de resolver nosso problema, ou se não acreditamos que temos o necessário para atingir nosso objetivo, não faremos o que é necessário para atingi-lo.

Como mudamos nossas crenças?

As crenças não se baseiam necessariamente numa estrutura lógica de idéias. Ao contrário, todos sabemos quão pouco elas reagem à lógica. Não se pode esperar que elas coincidam com a realidade. Como não sabemos na verdade o que é real, temos de formar uma crença — uma questão de fé. É muito importante entender isso quando se trabalha com alguém que quer mudar suas crenças limitadoras.

Uma velha história contada por Abraham Maslow serve como ilustração disso que acabo de dizer. Um psiquiatra estava tratando de um homem que pensava ser um cadáver. Apesar de todos os argumentos lógicos do psiquiatra, o homem persistia em sua crença. Em um momento de inspiração, o psiquiatra perguntou ao homem: "Um cadáver sangra?" O paciente respondeu: "Que pergunta ridícula! É claro que não!" Após lhe pedir permissão, o psiquiatra fez um furo no dedo do paciente, de onde saiu uma gota de sangue. O paciente olhou para o sangue com nojo e surpresa e exclamou: "Ora, e não é que sangra!"

É apenas uma anedota, mas já trabalhei com pessoas que têm algo em comum com o homem da história. Isso ocorre sobretudo no caso de doenças consideradas fatais. A crença é "Já sou um cadáver — já morri e nenhum tratamento poderá me ajudar. A coisa mais inteligente a fazer é parar de lutar contra o inevitável". É uma crença errônea, porque, no atual estágio da ciência médica, ninguém pode afirmar se alguém vai se curar ou não.

Li há alguns anos um estudo interessante do qual não lembro a fonte exata. Uma mulher entrevistou cem "sobreviventes do câncer" na esperança de descobrir o que eles tinham em comum. Ela caracterizou o sobrevivente de câncer como alguém que havia recebido um diagnóstico terminal de câncer, com poucas possibilidades de sobrevida, mas que dez ou doze anos após o diagnóstico ainda estava vivo e com saúde, desfrutando sua vida. O interessante é que ela não conseguiu estabelecer nenhum padrão comum no tratamento recebido por essas pessoas. Eram pessoas que haviam recebido tratamentos diferentes, incluindo quimioterapia, radiação, programas nutricionais, cirurgia, cura espiritual etc. Entretanto, todos tinham algo em comum: todos acreditavam que o método de tratamento que estavam recebendo iria dar bons resultados. A crença, não o tratamento, foi fundamental.

Tipos de crenças

1. Crenças sobre causas

Pode-se ter uma crença sobre a causa de alguma coisa. O que causa o câncer? Qual a causa de uma pessoa ser criativa? O que faz com que um negócio seja bem-sucedido? O que faz com que uma pessoa fume? O que faz com que alguém não consiga perder peso? A resposta é uma declaração de crença.

Uma pessoa pode dizer: "Sou mal-humorada porque sou de origem irlandesa. Ou "Todos na minha família sofrem de úlcera", ou ainda "Se você sair sem casaco, vai pegar um resfriado". A palavra "porque" (implícita ou explícita) geralmente indica uma crença sobre a causa.

Tenho amigos que estavam dando consultoria para uma empresa cujos funcionários viviam atormentados por resfriados e gripes. O presidente da empresa informou meus amigos que estavam reformando o sistema de ar-condicionado e refrigeração porque achavam que era um possível defeito na ventilação que estava causando a doença dos funcionários. Meus amigos descobriram mais tarde que o departamento onde todos os funcionários estavam doentes tinha passado por quatro reestruturações de grande porte nos últimos sete meses. O que fez com que tantas pessoas num único departamento sofressem de gripe? Seria a tensão provocada pela reorganização, o sistema de ventilação ou os germes? Crenças sobre a causa passam pelos filtros da nossa vivência. Se acreditamos que "x" é a causa de alguma coisa, nosso comportamento vai ser direcionado para fazer com que "x" aconteça ou impedir que aconteça, no caso de conseqüências negativas.

2. Crenças sobre significado

Pode-se ter crenças sobre o significado. O que determinado acontecimento significa, ou seja, o que é importante ou necessário? O que significa para alguém ter câncer? Se uma pessoa tem câncer, será que isso significa que é uma pessoa ruim e está sendo punida? Isso significa que ela precisa fazer modificações no seu estilo de vida?

O que significa não poder parar de fumar? Significa que a pessoa é fraca? Significa que ela é um fracasso? Significa que ainda não integrou dois lados de sua personalidade?

As crenças sobre o significado causarão comportamentos congruentes com a crença. Se acreditamos que a dificuldade de parar de fumar tem a ver com lados nossos que ainda não foram integrados, faremos tudo para integrá-los. Se acreditamos que somos fracos, não faremos nenhum esforço para integrá-los.

3. Crenças sobre identidade

As crenças sobre a identidade incluem causa, significado e limites. Qual é a causa de *você*, leitor, fazer alguma coisa? O que significa o seu comportamento? Quais são seus limites pessoais? Ao modificar suas crenças sobre sua identidade, a pessoa muda, de alguma maneira. A seguir, dou alguns exemplos de crenças limitadoras de identidade: "Não valho nada", "Não mereço ter sucesso" ou, ainda, "Se conseguir o que quero, vou perder alguma coisa". Crenças sobre a identidade podem nos *impedir* de mudar, sobretudo porque nem sempre estamos conscientes delas.

Vamos fazer uma comparação entre identidade e fobia. Fobia é em geral comportamento que não se coaduna com a nossa identidade. E é por isso que geralmente é tão fácil eliminar uma fobia. Richard Bandler trabalhou certa vez com uma mulher que tinha uma fobia de pegar minhocas. Richard lhe perguntou: "Você tem sempre de pegar minhocas? Você é criadora de minhocas, por acaso?". Ela respondeu: "Não, é que o fato de ter medo de minhocas não combina com a pessoa que sou". Richard pôde então ajudá-la a eliminar rapidamente o seu medo.

Aquele medo estava *fora* da sua definição de identidade. Isso faz com que seja mais fácil lidar com esse tipo de problema do que com outro que *seja parte* da identidade da pessoa. Já perdi a conta de quantas vezes, ao perceber que está prestes a fazer a mudança que deseja, diz: "Não posso fazer isso, pois deixarei de ser eu mesma".

O efeito da crença sobre a identidade pode ser considerável. Por exemplo, num seminário na Europa eu estava fazendo um trabalho de mudança com uma mulher que sofria de problemas sérios de alergia. Quando quis verificar se a mudança seria ecológica, ela gelou. Ela era médica alergista. Modificar sua alergia por meio de um simples processo de PNL significaria acabar com sua identidade como médica. Seria necessário uma mudança maior em sua identidade profissional.

Resumindo, as crenças podem ser crenças de significado, de identidade e de causa.

Como são em sua maioria padrões inconscientes, não é fácil identificá-las. Existem três principais armadilhas às quais precisamos estar atentos quando tentamos identificar as crenças ou os sistemas de crença de alguém.

Armadilhas na identificação de crenças

1. Peixe nos sonhos

A primeira das três armadilhas é o fenômeno de "sonhar com peixe". Esse conceito nasceu de um programa de humor transmitido por uma rádio de Los Angeles, que me foi contado por David Gordon (autor, criador e instrutor de PNL, bastante conhecido). Um ator encarnava um psicanalista que acreditava que sonhar com peixe estava na origem de todos os problemas psicológicos. Quando os pacientes começavam a falar sobre seus problemas, o psicanalista os interrompia com perguntas:

Psicanalista: Desculpe-me interrompê-lo, mas por acaso não teria tido um sonho ontem à noite?

Cliente: Não sei... Pode ser que sim.

Psicanalista: Não sonhou com peixe?

Cliente: Não... não.

Psicanalista: Sonhou com o quê?

Cliente: Eu estava andando pela rua.

Psicanalista: Havia alguma poça d'água na sarjeta?

Cliente: Não sei...

Psicanalista: Será possível que houvesse alguma?

Cliente: Acho que talvez houvesse alguma, sim.

Psicanalista: Acha que poderia haver algum peixe na água?

Cliente: Não... acho que não.

Psicanalista: Havia algum restaurante na rua do sonho?

Cliente: Não.

Psicanalista: Mas poderia haver um. Você estava andando pela rua, não estava?

Cliente: Bem, acho que poderia haver um restaurante.

Psicanalista: O restaurante estava servindo peixe?

Cliente: Bem, acho que um restaurante serviria peixe.

Psicanalista: Ah! Eu sabia. Você sonhou com peixe.

Portanto, um dos problemas na identificação de crenças é que o terapeuta tende a encontrar substanciação para as *suas* próprias crenças no paciente. Conheço uma terapeuta que sofreu abuso sexual quando criança — e estava sempre tentando descobrir sinais de abuso sexual nos seus clientes. Ela conseguia encontrar sinais desse problema na maioria das pessoas com quem trabalhava — independentemente do fato de o problema existir realmente ou não.

2. Tentativa de mudar de assunto

Quando as pessoas nos falam de suas crenças, muitas vezes criam argumentos lógicos para tentar entender os comportamentos que têm. Freud chamava a isso ansiedade de flutuação livre (ansiedade causada por um conflito inconsciente). Segundo Freud, a única coisa de que a pessoa tem apenas consciência é do sentimento de ansiedade. Então, inventa razões lógicas para explicar por que se sente assim, mas suas razões lógicas nada têm a ver com o sentimento de ansiedade.

Chamo a essas construções lógicas "tentativas de mudar de assunto". Quem já trabalhou com uma pessoa "obssessiva-compulsiva" deve conhecer esse fenômeno. Por exemplo, uma mulher pode saber explicar muita coisa sobre micróbios e por que ela se sente mal, mas suas explicações geralmente nada têm a ver com a origem dos seus sentimentos. Freud dizia que esses sentimentos eram conseqüência de impulsos sexuais reprimidos. Mas eu acho que os sentimentos que essa mulher vivencia resultam de conflitos internos realmente inconscientes, mas que, em geral, nada têm a ver com sexo.

3. A cortina de fumaça

Há um comportamento ainda mais problemático que impede a identificação de uma crença: costumo chamá-lo de "cortina de fumaça".

Em geral, quando trabalhamos com uma crença, sobretudo quando ela tem a ver com a identidade da pessoa (ou com um problema doloroso), ela estará escondida atrás de uma cortina de fumaça. Podemos identificar a cortina de fumaça quando a pessoa começa a ter um branco ou passa a falar de algo irrelevante para o processo que está em curso. É como se ela tivesse entrado em uma nuvem de confusão. É importante notar que a pessoa tem esse tipo de "branco" no exato momento em que estamos chegando a um ponto *realmente* importante. Como um polvo ou uma lula que joga uma nuvem de tinta para escapar de um predador, a pessoa geralmente tem um branco, porque ela — ou algum lado dela — tem medo. Ela está lidando com uma crença que tem a ver com sua identidade — uma crença dolorosa que não quer admitir, nem mesmo para si mesma.

Geralmente, a pessoa diz: "Simplesmente tenho um branco quando você me faz essa pergunta". Se usarmos um sentimento para ir buscar no tempo uma experiência gravada na sua mente, ela pode dizer: "Posso me lembrar dessa antiga experiência, mas ela não tem nada a ver com o meu problema". Outras vezes, a pessoa começa a falar sobre alguma experiência sem nenhuma relação com o que está sendo tratado. Ou então fica confusa e simplesmente não consegue responder.

Resumindo, os três principais problemas na identificação de crenças são:

1. o fenômeno de *sonhar com peixes*, que nada mais é do que ver no outro o reflexo de nossas próprias crenças;
2. a *mudança de assunto*, que é criar uma explicação para nossos sentimentos por não termos certeza do que os está causando;
3. a *cortina de fumaça*, na qual a estrutura de crença é bloqueada ou dissociada, a fim de nos proteger da confrontação.

Identificação de crenças

Depois de aprender a evitar armadilhas, como identificar as crenças? É claro que, quando lidamos com uma crença inconsciente, não podemos perguntar à pessoa com a qual trabalhamos: "Qual a crença que está limitando você?", porque ela não saberá a resposta. Ela terá uma das seguintes reações: vai responder ou não. Se responder, talvez o faça mudando de assunto ou criando uma cortina de fumaça. Se não responder, a pessoa terá chegado a um impasse, porque não tem idéia do que possa ser. Geralmente é difícil definir as crenças porque elas fazem parte da experiência cotidiana da pessoa. É difícil dar um passo atrás e identificá-las claramente.

Podemos descobrir crenças limitadoras através da cortina de fumaça. Quando surge um impasse, recebemos respostas do tipo: "Não sei...", ou "Sinto muito, tive um branco", ou ainda "Isso é loucura, não faz o menor sentido". Paradoxalmente, são respostas desejáveis, porque nos indicam que estamos chegando perto de eliminar uma crença limitadora.

As crenças limitadoras geralmente são expressas para violar o metamodelo.[8] Os padrões mais comuns de linguagem que indicam crenças são os *operadores de modo* e as *nominalizações*. Podem estar relacionados com o que a pessoa *pode* ou *não pode* fazer; *deve* ou *não deve* fazer, ou ainda *tem* ou *não tem* de fazer. Também podemos ouvir: "Eu sou assim mesmo", "Não sou bom em ortografia", "Sou uma pessoa gorda". Essas declarações indicam crenças de identidade que limitam o pensamento da pessoa sobre si mesma e o que podem fazer para mudar.

As crenças também podem ser expressas como fenômenos de causa e efeito, colocados em termos de "se isso... então aquilo": "Se não fizer minhas orações, serei punida"; "Se defender meus direitos, serei rejeitado"; "Assim que começo a ter sucesso, tudo vira de cabeça para baixo".

E, por fim, as crenças podem ser geralmente identificadas em situações que a pessoa vem tentando mudar sem sucesso, mediante uma variedade de métodos — incluindo a PNL. Quando perguntamos: "O que *significa para você* o fato de não ter conseguido modificar esta situação?", às vezes a resposta expressa uma crença de identidade. Podemos então perguntar: "O que você deseja em lugar disso e *o que a impede de conseguir o que deseja?*". Podemos ancorar a resposta obtida (uma sensação ruim, um branco, ou o que quer que seja) e tentar encontrar na experiência passada a base daquela crença. As diversas maneiras de identificar uma crença ficarão mais claras à medida que demonstrarmos algumas das várias formas de trabalhar com crenças usando a PNL.

Para mudar uma crença de identidade ou limitante:

1. é preciso *saber como proceder*;
2. é preciso *ser congruente sobre o objetivo desejado*;
3. também é preciso acreditar que é *possível* mudar.

Se qualquer um desses elementos estiver faltando, a mudança não será completa. Pode-se querer fazer alguma coisa, acreditar que é possível fazê-la, mas sem saber como, sem a fisiologia e a estratégia adequadas, será difícil obter bons resultados. Além do mais, podemos ter todas as habilidades, todo o treinamento e tudo o que for necessário para ser eficiente, mas, se formos incongruentes a respeito do que desejamos ou se não acreditarmos que podemos fazê-lo, não seremos capazes de obter a mudança desejada.

A estrutura das crenças e a realidade

Como saber como uma pessoa acredita em algo? Será que ela acredita por meio de sensações? Se for o caso, como ela obtém essas sensações? Uma sensação seria o resultado de algo que ela vê ou ouve?[9] Qual é a orientação básica da sua estratégia?

Já perdi a conta do número de pessoas que me procura e diz: "Não sei, já disse a mim mesmo milhões de vezes que não vou me sentir assim quando enfrentar novamente esta situação", ou "Já me prometi que, quando for conversar com aquela pessoa, não vou ficar tenso, mas quando me vejo diante dela é assim que me sinto". O fato de a pessoa prometer que não vai se sentir daquela maneira não funciona porque sua estratégia para obter a sensação nada tem a ver com o que ela diz a si mesma. Tem a ver com a sua auto-imagem e com a sensação, com uma comparação entre duas imagens, ou ainda com qualquer outra estratégia. Outras pessoas dirão: "Bom, tentei visualizar muitas e muitas vezes, mas algo me diz que não vai funcionar. Não entendo isso, porque sou muito bom em criação de imagens, posso me ver obtendo uma promoção e tendo sucesso, mas algo me diz que vou falhar". Se soubermos observar e escutar essas ligações internas, saberemos como a pessoa estruturou suas crenças limitadoras.

Muitas vezes as pessoas obtêm sensações a partir de imagens internas que criam. É útil saber que às vezes a coisa mais importante é o *tipo* de imagem obtida. Às vezes, há uma "diferença que faz a diferença", uma diferença muito sutil nas submodalidades que determina se a pessoa vai ter uma sensação forte a respeito de algo ou não. (O capítulo 3 contém uma demonstração de como trazer à tona essas diferenças.) É importante reunir informações de alta qualidade (comportamentais) para saber exatamente como intervir.

Muitos instrutores de PNL chegam a um beco sem saída porque trabalham acreditando que a PNL tem de ser tão rápida que, se levarem mais de vinte minutos, estão fazendo alguma coisa errada. Esta crença pode fazê-los aumentar sua velocidade, mas às vezes vale a pena gastar algum tempo para descobrir os elementos mais críticos de uma crença limitadora. Não há nada necessariamente importante em como acrescentar recursos. O processo de acrescentar recursos, a despeito da técnica usada, é menos importante do que saber o que mudar. Os dois capítulos seguintes explicam como descobrir a maneira como a pessoa construiu sua realidade e suas crenças. A habilidade de identificar a estrutura de pensamento de uma pessoa permite ao terapeuta saber exatamente como intervir de maneira eficiente.

Notas

1. Joseph Yeager, conhecido autor e instrutor de PNL, definiu os três componentes necessários para mudanças efetivas: (a) querer mudar; (b) saber como mudar; (c) ter a possibilidade de mudar.

2. A. Bandura, "Self efficacy: Toward a unifying theory of behavioral change" (Auto-eficiência: em direção a uma teoria unificadora de mudança comportamental), *Psychological Review 84* (1977), pp. 191-215.

3. Irving Kirsch, "Response expectancy as a determinant of experience and behavior" (Expectativa de reação como determinante de experiência e comportamento), *American Psychologist* (novembro de 1985), pp. 1189-1201.

4. (a) F. J. Evans, "The placebo control of pain" (O controle da dor através do placebo), em J. P. Brady *et al.*, *Psychiatry: Areas of promise and advancement* (Nova York, Spectrum, 1977).

(b) "The power of a sugar pill" (O poder da pílula de açúcar), *Psychology Today* (1974, 1977), pp. 55-59.

(c) "Placebo response: relationship to suggestibility and hypnotizability" (A reação do placebo: correlação entre a capacidade de sugestão e de hipnose), Atas da 77ª Convenção Anual da APA (1969), pp. 889-890.

5. L. Lasagna, F. Mosteller, J. M. von Felsinger & H. K. Beecher, "A Study of the placebo response" (Um estudo da reação placebo), *American Journal of Medicine,* 16 (1954), pp. 770-779.

6. (a) G.A. Marlatt *et al.*, "Cognitive processes in alcohol use" (Processos cognitivos no uso do álcool), em *Advances in substance abuse: behavioral and biological research* (Greenwich, CT: SAI Press, 1980), pp. 159-199.

(b) Bridell *et al.*, "Effects of alcohol and cognitive set on sexual arousal to deviant stimuli" (Efeitos do álcool e do conjunto cognitivo sobre estímulo sexual a partir de estímulos divergentes), *Journal of Abnormal Psychology,* 87, pp. 418-430.

(c) H. Rubin & D. Henson, "Effects of alcohol on male sexual responding" (Efeitos do álcool sobre a resposta sexual masculina), *Psychopharmacology*, 47, pp. 123-134.

(d) G. Wilson & D. Abrams, "Effects of alcohol on social anxiety and physiological arousal: cognitive vs. pharmacological processes" (Efeitos do álcool sobre a ansiedade social e o estímulo fisiológico: processos cognitivos versus processos farmacológicos), *Cognitive Therapy and Research,* 1 (1977), pp. 195-210.

7. *Ibid.*

8. Vide John Grinder e Richard Bandler, *The Structure of Magic I*, para uma descrição do metamodelo.

9. Vide John Grinder e Richard Bandler, *The Structure of Magic II.*

2

Estratégias de realidade

Uma experiência comum na infância é julgar que algo aconteceu no campo da experiência sensorial, quando na verdade foi apenas um sonho ou fantasia. Muitos adultos não sabem ao certo se uma forte experiência que tiveram quando crianças foi real ou imaginária. Outra experiência comum é a seguinte: estamos certos de ter contado algo a alguém e a pessoa afirma que não; mais tarde, nos damos conta de que chegamos a ensaiar mentalmente o que iríamos dizer, mas nunca chegamos a verbalizar.

Nós, seres humanos, nunca saberemos exatamente qual é a realidade, porque nosso cérebro não sabe *de verdade* a diferença entre uma experiência imaginada ou lembrada. Usamos as mesmas células do cérebro para representar ambas as experiências. Por causa disso, temos de ter uma estratégia que nos indique que a informação foi recebida através dos sentidos, e não da imaginação. A informação recebida através dos sentidos passa por certos testes nos quais a informação imaginada não se confirma.

Vamos tentar uma pequena experiência. Pense em algo que poderia ter feito, mas que não fez. Por exemplo, você poderia ter ido fazer compras ontem, mas não foi. Depois, pense em algo que sabe que fez — como ter ido trabalhar ou conversar com um amigo. Compare as duas experiências mentalmente. Como pode saber que não fez uma coisa e fez a outra? A diferença pode ser sutil, mas as qualidades de suas imagens internas, sons e sensações cinestésicas serão diferentes. Ao comparar a experiência imaginada com a verdadeira, verifique sua experiência interna — elas estão localizadas no mesmo local, dentro do seu campo de visão? Uma é mais clara que a outra? Uma é um filme e a outra um instantâneo? Existem diferenças entre as qualidades de suas vozes internas? A qualidade de informação recebida em nossos sentidos é codificada de maneira mais específica no caso da experiência verdadeira do que no caso da experiência imaginada, e é isto que faz a diferença. Portanto, existe uma "estratégia de realidade" que nos permite saber a diferença.

Muitas pessoas tentaram mudar ou se reprogramar por meio da visualização de si mesmas tendo sucesso. Para aquelas que usam naturalmente esta estratégia, isso vai funcionar. Mas para aqueles que ouvem uma voz que diz "Você pode fazer isso", essa programação visual não dará resultado. Se eu quiser tornar algo real para outra pessoa ou convencê-la de algo, tenho de fazer com que isso se adapte aos *seus* critérios de estratégia da realidade. Tenho que tornar isso consistente com as qualidades das suas imagens, sons e sensações internas. (Essas qualidades são chamadas submodalidades.) Então, se eu quiser ajudar uma pessoa a modificar algum comportamento, tenho de ter certeza de que essa mudança se adaptará a ela. Ao identificar sua estratégia de realidade, a pessoa poderá determinar de *que maneira* precisará pensar para se convencer de que algo é legítimo o suficiente para ser feito.

Demonstração da estratégia de realidade

Robert: Joe, gostaria de vir até aqui, para podermos demonstrar como trazer à tona e trabalhar com a estratégia de realidade? O que queremos descobrir no caso de Joe é uma seqüência de representações ou verificações internas que ele atravessa para determinar o que é verdadeiro. Enquanto vocês estiverem observando esta demonstração, gostaria que se lembrassem de algumas regras gerais para fazer surgir a estratégia. A primeira regra é manter a pessoa o mais possível no aqui e agora enquanto estiver extraindo sua estratégia. Vou colocar Joe dentro de um exemplo atual da sua estratégia de realidade em vez de pedir a ele que se lembre de algo. Vou usar o presente para mantê-lo associado à experiência.

A segunda regra envolve a comparação. Quero comparar uma experiência que Joe sabe ser verdadeira com outra que ele sabe ser imaginada. Usando a comparação, posso identificar o que é *diferente* no seu processo mental — não me preocupo com o que é igual. Para saber que temos sua estratégia de realidade, e não qualquer outra estratégia, o que podemos testar são as diferenças.

(*Para Joe*): Vamos começar pedindo que pense em algo simples, sem nenhum conteúdo emocional. O que fez ontem, alguma coisa que sabe ter feito com certeza?

Joe: Peguei o trem e o ônibus para chegar até aqui.

Robert: Agora, pense em algo que poderia ter feito, mas não fez.

Joe: Podia ter tomado um sorvete.

Robert: Você poderia ter tomado um sorvete, mas não tomou. Isto se enquadra dentro das possibilidades da realidade.

Joe: Ah, espere um momento...

Robert: Você chegou a tomar, não foi? (*Risos.*) O que foi que colocou como cobertura no sorvete?

Joe: Apenas granola.

Robert: Granola como cobertura. O que poderia ter colocado como cobertura, mas não colocou?

Joe: Podia ter colocado calda quente como cobertura.

Robert: Você poderia ter colocado calda quente. Uma das coisas boas sobre as estratégias é que *pouco importa o conteúdo*. Podem crer que, quando começarmos a determinar o que é ou não verdadeiro para Joe, a diferença entre calda quente ou granola será tão importante quanto qualquer outra identificação da realidade. Colocar calda de chocolate quente ou brigar com uma pessoa de quem gostamos não faz diferença — o conteúdo tem pouco peso. O processo será o mesmo.

(*Para Joe*): Como sabe que tomou o trem e o ônibus e que colocou granola em vez de calda quente. Como sabe que fez uma coisa e não a outra?

(*Para o grupo*): Observem. Ele está nos dando a resposta.

Joe: Sei que coloquei granola porque passei pelo processo de me lembrar e, depois de ter lembrado, sei que devo ter feito isso.

Robert: O que ele está fazendo é interessante, porque extraí muitas estratégias de realidade em pessoas e normalmente ouço esse tipo de resposta mais tarde no processo de extração. Ele disse: "Eu pensei primeiro na granola, portanto, logicamente, devo ter colocado a granola".

(*Para Joe*): Como sabe que passou por esse processo? Isto é, estando aqui, agora.

Joe (*olhos para cima e para a esquerda*): Quando você me pediu para lembrar algo que fiz ontem...

Robert: Você visualizou...

Joe: Isso mesmo. (*Olhos para cima e à esquerda, novamente.*)

Robert (*para o grupo*): Como disse antes, há uma *seqüência* de processos. Vi Joe fazer algo mais além de criar uma imagem, embora este tenha sido o ponto de partida. Em geral, não contestamos a primeira verificação de realidade porque, quando pensamos no que fizemos, algo logo surge em nossa mente e parece que é a única coisa que existe. Não questionamos uma imagem na mente, mas podemos questionar a realidade se obtivermos duas imagens diferentes.

(*Para Joe*): Vou perguntar o que realmente fez ontem, e dessa vez quero que visualize a calda de chocolate quente.

Joe: Mas não coloquei calda quente.

Robert: Certo. Mas estou pedindo que imagine que sim. É assim que você "sabe" a diferença. No início, quando lhe perguntei o que tinha feito ontem à noite, você enxergou granola, em vez de calda quente. Vou pedir-lhe que retome todo o processo, porque acho que poderá fazer mais verificações mentais do que apenas a imagem da granola em cima do sorvete. Quero que crie duas imagens — uma do sorvete com granola e outra com calda de chocolate quente — e faça com que ambas se pareçam. Vou perguntar de novo o que comeu ontem e quero que visualize a calda de chocolate quente com as mesmas qualidades visuais internas da imagem da granola.

Joe: Já fiz isso enquanto você estava falando.

Robert: Vamos lá. O que comeu ontem?

Joe (*de forma incongruente*): Ah... tomei sorvete com... calda de chocolate.

Robert: Foi mesmo?

Joe: Não.

Robert: E como sabe que não?

Joe: Boa pergunta, porque posso criar uma imagem clara do sorvete com a calda de chocolate. Já comi isso várias vezes. Não é uma imagem que inventei do nada. De certa forma, faz parte de mim.

Robert: Ainda assim, você sabe o que realmente comeu. Isso é importante. Agora, você possui duas imagens igualmente claras. Você pode ver tanto uma como a outra. Se eu disser "O que comeu?", você poderá ver qualquer uma das imagens. Como sabe qual das duas coisas você realmente comeu?

Joe: Boa pergunta. Não depende só da imagem. Pelo menos, acho que não.

Robert: Pense um pouco mais. Você tem certeza do que comeu?

Joe: Claro.

Robert: Perfeito. (*Risos.*) O que lhe dá essa certeza?

Joe: Posso colocar em um contexto.

Robert: Isso é bom também.

(*Para o grupo*): Temos outro elemento. Em geral, a primeira resposta é o que vem em primeiro lugar na associação à pergunta. Mesmo quando falamos de algo trivial, como neste caso, podemos colocar isso no contexto das crenças. Perguntamos a alguém: "Sabe soletrar direito?".

"Não, não sei soletrar direito."

"Como sabe disso?"

"Nunca consegui soletrar direito."

A primeira associação é a que aparece. O que Joe disse depois foi: "Não se trata apenas da imagem. Há também um contexto ao redor dela".

Vamos ver o que significa este contexto. Acho que vamos ver que se trata — a julgar pelas pistas visuais de Joe — da imagem de um filme.

(*Para Joe*): Talvez você tenha se visto tirando a granola. A granola não vai se transformar em calda de chocolate só porque você consegue ver um quadro fixo ou a imagem da calda de chocolate quente. Não é isso?

Joe: Sem dúvida. Acertou na mosca.

Robert: Tudo bem. O que está vendo quando olha para cima? (*Aponta para a esquerda de Joe, para onde ele movimenta os olhos.*)

Joe: A hora do jantar, dentro do contexto dos outros alimentos que comi. Minha mulher estava presente, mas não havia nenhuma calda de chocolate quente no contexto.

Robert: Pode colocar calda de chocolate quente na experiência?

Joe: Tudo bem.

Robert: Está imaginando?

Joe: Dentro da minha cabeça.

Robert: O que colocou no seu sorvete após o jantar de ontem à noite?

Joe: Granola.

Robert: Como sabe? Quando fiz a pergunta, conseguiu ver ambas as imagens? Como tomou a decisão?

Joe: Porque me ouvi dizendo isso.

Robert: Porque se *ouviu* dizendo. Interessante. Há uma voz em sua cabeça que lhe diz o que é real.

(*Para o grupo*): Vou um pouco além neste assunto e chegaremos a um ponto onde veremos que uma mudança vai ocorrer. Vocês poderão observar uma confusão momentânea.

(*Para Joe*): Você ouve uma voz...

Joe: Agora mesmo eu disse a você... (*Joe dá ênfase à palavra "disse", indicando com isso que há uma voz interna.*) É mais um hábito do que outra coisa. Já lhe disse que comi granola e portanto...

Robert: É um hábito?

Joe: Devo ter dito isso pelo menos umas dez vezes.

Robert: O que tornaria falar sobre calda de chocolate tão habitual quanto falar de granola?

Joe: O fato de falar isso. Eu teria lembrança de ter feito isso.

Robert: A repetição é uma forma de tornar algo verdadeiro e familiar. Quantas vezes você precisaria ver e repetir para si mesmo que comeu realmente? Umas dez vezes?

Joe: Não sei.

Robert: Vou lhe perguntar umas dez vezes o que colocou no seu sorvete ontem e gostaria que visualizasse a imagem de calda quente e dissesse "calda quente". Quer experimentar?

Joe: Claro.

Robert: O que comeu ontem na cobertura do sorvete?

Joe: Calda quente.

Robert: Estava gostoso?

Joe: Muito gostoso!

Robert: O que foi mesmo que comeu ontem?

Joe: Calda de chocolate quente.

Robert: Vamos esperar um pouco...

Joe: Na verdade, parece mais uma calda de manteiga de amendoim. (*Risos.*)

Robert: Estava bem quente ou...

Joe: É melhor deixar esfriar um pouco, para que não derreta o sorvete. Estava muito gostoso.

Robert: Certo. De que forma as duas imagens se parecem? O que foi que comeu mesmo?

Joe: Calda quente.

Robert: Muito bem. (*Risos.*)

(*Para o grupo*): Fizemos apenas algumas tentativas. É a mesma estratégia usada em fitas de auto-afirmação. Se repetirmos alguma coisa muitas vezes, ela se tornará verdadeira para nós.

(*Para Joe*): O que comeu ontem à noite?

Joe: Comi granola.

Robert: Como sabe disso agora?

Joe: As imagens são diferentes...

Robert: Pense na granola. Pense realmente nela. Quero que a visualize. Perfeito. Agora, visualize a calda quente. De verdade.

(*Para o grupo*): Observei algo diferente na fisiologia de Joe.

(*Para Joe*): Enquanto vê as duas imagens, quero que coloque uma ao lado da outra. Elas estão lado a lado ou uma está por cima da outra?

Joe: Até agora só tinha pensado em cada uma separadamente.

Robert: Quando visualiza a granola, onde ela aparece no seu campo visual interno?

Joe: Mais ou menos aqui. (*Faz um gesto para o centro, ligeiramente à esquerda.*)

Robert: Mais ou menos aqui (*repetindo o gesto de Joe*). E onde fica a imagem da calda quente?

Joe: Acho que fica quase no mesmo lugar.

Robert: Aqui? (*Gesticula levemente para o lado direito do centro.*) Há alguma coisa diferente, do ponto de vista qualitativo, sobre as duas imagens? Compare as duas.

Joe: Acabei de passar por um processo que as torna iguais — portanto, a resposta é não.

Robert: Quero que você olhe para aquele lado e visualize a calda quente. (*Gesticula para o lado esquerdo do centro.*) Certo? Agora, pegue a granola e a coloque aqui. (*Gesticula para o lado direito do centro.*) Entendeu? Qual das duas está vendo? (*Longo silêncio, Joe revela uma expressão confusa e o grupo cai na gargalhada.*)

Joe: Era a... granola.

Robert: Ótimo.

(*Para o grupo*): A questão aqui é que estamos começando a perceber uma confusão neste processo. Claro que podemos levar isso ao extremo, mas não é isso que quero fazer. Não estou querendo confundir Joe em relação à realidade, quero descobrir quais são as comparações. Digamos que quero que Joe mude alguma coisa, e convencê-lo de que se trata de uma verdadeira mudança. Se quiser que Joe tenha escolhas sobre um novo comportamento, da mesma forma que tinha a respeito de um antigo comportamento, preciso identificar suas comparações de realidade.

A única coisa em que Joe precisa confiar para determinar a realidade são as representações (imagens, sons e sensações) que estão armazenadas na mente.

Como o cérebro não sabe a diferença entre uma imagem criada (uma imagem inventada) e uma imagem lembrada, pode-se imaginar quanta confusão isto é capaz de causar quando lidamos com fatos ocorridos há dez anos. Ou quando estamos lidando com um sonho, sem ter certeza de que sonhamos de verdade ou apenas imaginamos. Como saber o que é real?

Joe: As diferenças de submodalidades são muito importantes para que eu possa determinar a distinção. O meu filme contextual da calda quente não é tão brilhante, não está tão em foco e...

Robert (*para o grupo*): Ele está nos dizendo quais os próximos passos a tomar. Em vez de continuar essa demonstração, Joe terá a oportunidade de ir mais a fundo neste contexto durante o próximo exercício.

Vou pedir que façam o próximo exercício, porque é muito útil explorar a estratégia de realidade de uma pessoa quando se trabalha com suas crenças. Joe se apóia em imagens, sons e sensações que explodem em sua mente numa fração de segundo. Sempre que tomamos decisões sobre alguma coisa em que acreditamos, não nos sentamos para analisar o que está acontecendo em nosso cérebro. De que forma estão as submodalidades? É um filme ou há uma voz? Um filme pode trazer sentimentos embutidos, e outro não. Não será possível analisar conscientemente esses processos mentais flutuantes. Em geral, observamos a primeira imagem ou voz que vem à nossa mente e que parece real... aquela que está mais fortemente impressa em nós. É por isso que acho importante que cada pessoa conheça a sua própria estratégia de realidade... Nem todo mundo tem a mesma estratégia de realidade de Joe. É útil descobrir como determinamos o que é real.

Exercício da estratégia de realidade

Quero que vocês façam o exercício da seguinte forma:

Parte I:

(a) Escolham algo que fizeram e algo que podiam ter feito, mas não fizeram. Verifiquem se o que não fizeram, mas poderiam ter feito, está dentro das suas possibilidades de comportamento. Se alguém diz que podia ter colocado manteiga de amendoim no sorvete, mas nem gosta de manteiga de amendoim, é pouco provável que tivesse feito isso. Escolham um exemplo como o de Joe. É bom que vocês já tenham feito algumas vezes as duas coisas escolhidas. A única diferença estaria no fato de "realmente" terem feito uma delas ontem.

(b) Determinem como sabem a diferença entre o que foi feito e o que poderia ter sido feito. A primeira coisa que surgir será uma verificação de realidade bastante óbvia. Talvez vocês obtenham uma imagem de uma coisa e nenhuma da outra. Depois de criar uma imagem, vocês poderão perceber outras coisas sobre ela. Joe observou diferenças de submodalidade. Ele fez um filme e preencheu ainda outros vazios. Uma das imagens era mais brilhante, segundo ele.

Parte II:

(c) Escolham duas coisas que aconteceram durante a infância e determinem como sabem que são verdadeiras. Vocês perceberão que é um pouco mais difícil determinar o que aconteceu há tanto tempo. No caso de Joe, escolhemos algo que havia acontecido há menos de 24 horas e conseguimos mudar a realidade. Quando lidamos com algo que aconteceu há 24 anos, o processo de decisão é ainda mais interessante, pois as imagens não serão tão claras e podem estar até distorcidas. Às vezes, as pessoas sabem o que realmente aconteceu porque as imagens dos acontecimentos são mais indistintas do que as que criaram em sua imaginação.

(d) Comecem por tornar o acontecimento que não aconteceu igual ao que realmente aconteceu. Depois de tornar as imagens bem parecidas, mudem para os sistemas representacionais auditivo ou cinestésico. Por exemplo, Joe passou para o contexto presente. Ele disse: "Posso verificar porque, há poucos minutos, quando você me perguntou qual das duas experiências era verdadeira, eu lhe disse que era a da granola, e posso me lembrar disso". Ainda não havíamos modificado aquela lembrança.

Cuidado quando começarem a modificar aquilo que não foi feito, na tentativa de representá-lo, da mesma maneira que aquilo que foi feito. Gostaria que ao menos chegassem a pensar realmente qual das experiências é real, como no caso de Joe.

O objetivo não é confundir as estratégias de realidade, e sim descobrir que tipo de verificação de realidade existe para cada pessoa. Lembrem-se de que estamos extraindo uma estratégia, e não tentando destruí-la. Observação: a pessoa que estará passando pela experiência poderá interromper o processo sempre que desejar. Se o processo começar a ficar assustador (pode acontecer), a pessoa pode escutar um som agudo ou sentir-se tonta. (Existem vários tipos de sinais.) Quando permitimos que outra pessoa traga à tona nossas estratégias de realidade e jogue com elas, temos o direito de pedir que parem quando nos sentirmos desconfortáveis.

Discussão

Vou contar um processo que me foi ensinado por John Grinder e Richard Bandler quando comecei a aprender PNL. Eles fizeram com que o grupo escolhesse uma série de experiências vivenciadas num determinado dia (bem-sucedidas ou não), e localizasse o ponto em que a decisão foi tomada. Depois, escolhemos três comportamentos de recursos que poderíamos ter tido em cada uma das experiências e os passamos pelas nossas estratégias de realidade, tornando cada escolha comportamental tão plena, radiante e emocionante (usando as mesmas submodalidades) quanto nossas estratégias de realidade.

Independentemente do fato de o comportamento ter sido ou não bem-sucedido, desenvolvemos mais escolhas comportamentais. Se foi uma experiência negativa, descobrimos que uma coisa simples poderia nos ter dado mais recursos. Recomendo esse processo para experiências negativas. Revejam a experiência negativa, do início ao fim, fazendo com que tudo ocorra de maneira positiva. Da próxima vez que se encontrarem na mesma situação, em vez de se ligarem inconscientemente ao que fizeram da última vez (e das vezes anteriores), haverá um ponto de decisão que engloba novas escolhas. A reação será diferente.

Uma das coisas que gosto de dizer é: "*O sucesso é tão limitante para a criatividade quanto o fracasso*". Isto ocorre porque, quando nos lembramos de algo que deu certo, a lembrança geralmente é muito forte e nos dá uma sensação agradável. Portanto, passamos a repetir o que deu certo, sem levar em consideração outras opções. Chegamos a um ponto onde deixamos de ser criativos e ficamos empacados, porque nos vemos diante de uma nova situação na qual os antigos comportamentos não funcionam, e não possuímos novas escolhas.

A indústria automobilística americana é um bom exemplo. Foi muito bem-sucedida durante muitos anos, mas parece incapaz de reagir com rapidez e eficiência às novas necessidades do mercado e à concorrência estrangeira. Alguém já disse que, se a indústria automobilística tivesse involuído tanto quanto a indústria da informática, um Cadillac estaria custando menos de três dólares e faria dois milhões de quilômetros com um tanque de gasolina. A indústria de computadores mudou e ficou mais refinada para se adaptar às novas realidades e necessidades do mercado, enquanto a renovação da indústria automobilística americana *tem passado por um processo lento, que se baseou apenas no seu próprio sucesso* durante tempo demais.

Perguntas

Homem: Quando estava trabalhando com Joe, você pediu a ele que visualizasse estar comendo calda quente várias vezes. Poderia falar mais sobre a repetição?

Robert: Vou lhe responder contando o caso de uma cliente.

Trabalhei com uma enfermeira que estava tão deprimida que queria envenenar a si mesma e aos dois filhos. Ela me disse que faria qualquer coisa para se sentir melhor. Eu respondi: "Primeiro, quero que mude o seu estado. Vamos descobrir se tem algumas boas lembranças". É claro que, como a maioria das pessoas deprimidas, ela disse que não tinha nenhuma boa lembraça. Note que não lhe pedi uma lembrança, mas uma *decisão*. Em essência, eu disse: "Procure nas suas lembranças e descubra uma que você *acha* que é positiva e me conte como foi". É uma pergunta difícil de responder e nada tem a ver com falta de memória. Implica julgar e tomar decisões sobre o que é positivo. Como queria modificar o estado de espírito daquela mulher, eu disse: "O que acha de respirar de maneira diferente, sentar-se, olhar para cima e para a direita e imaginar algo positivo?".

Ela olhou para cima e começou a visualizar algo positivo. Observei uma mudança em sua fisiologia que me pareceu bastante positiva. Mas, de repente, ela parou, voltou a olhar para baixo e entrou no estado depressivo. Eu lhe perguntei: "O que aconteceu? Lembrou-se de algo ruim ou alguma outra coisa surgiu?". Ela respondeu que não. Então lhe perguntei o que a havia feito parar. Ela respondeu: "É estranho olhar para cima, não estou acostumada". Pensem um pouco nesta resposta. Temos uma mulher que se sente tão desesperada a ponto de envenenar os próprios filhos. Ainda assim, ela interrompeu uma experiência que a fazia sentir-se bem porque não estava acostumada a ela. Então, perguntei-lhe como ela sabia a sensação que não lhe seria familiar. Ela disse: "Eu já teria feito isto antes". Pedi que olhasse para cima, uma, duas, três vezes. Depois de dez vezes, a sensação lhe pareceu familiar. Foi um importante passo adiante em sua terapia. Ter feito algo antes é um forte elemento para confirmar a realidade de experiência positiva ou negativa. A repetição é uma forma que as pessoas utilizam para tornar algo verdadeiro e familiar.

Uma parte de Joe que pode determinar qual das suas experiências é verdadeira, porque, no contexto presente, durante o processo de trazer à tona sua estratégia (e isto não tinha mais nada a ver com o dia anterior), ele contou que comeu granola mais vezes do que calda quente. Portanto, a repetição é muito convincente.

O que significa alguém nos dizer que não consegue fazer algo, como por exemplo cantar no tom certo, há mais de trinta anos? Isso prova que não pode fazê-lo? *Não. Apenas significa que vem tentando de maneira errada há muito tempo*. Não significa que *não possa fazê-lo*. Estou enfatizando este aspecto porque a repetição da experiência é muito importante. Uma das razões por que é tão importante é que todos passamos por um processo chamado de limite. O limite pode ser aplicado a crenças, estratégias de realidade ou de aprendizado. Se pegarmos um tubo de metal e o dobrarmos uma vez, ele voltará à posição anterior, mesmo que fique um pouco amassado. Mas, se eu dobrar o tubo de metal repetidamente, no final ele vai se quebrar. E, quando se quebrar, nada mais poderei fazer para que ele volte a ser como era antes. Isto porque o tubo de metal ultrapassou um limite. Nada poderá reconstituir sua forma, a não ser que eu o solde. Ao torcer repetidamente o tubo de metal, eu o fiz passar por uma mudança radical. O mesmo acontece quando uma pessoa passa por uma mudança tão profunda que seu passado parece menos real do que era até então. É assim que nosso cérebro funciona.

Mulher: De que forma as estratégias de realidade se relacionam com o Gerador de Novos Comportamentos, por exemplo?

Robert: No Gerador de Novos Comportamentos, a pessoa se vê fazendo algo com novos recursos e depois entra dentro da imagem visualizada. Se não filtrar a nova experiência através da sua própria estratégia de realidade, a pessoa estará apenas fingindo. Por outro lado, qual a diferença entre fingir e mudar de verdade? Se fingirmos uma situação durante bastante tempo, ficaremos convencidos de que ela é tão verdadeira quanto qualquer outra coisa.

Homem: Para mim, foi importante agarrar-me à minha "realidade", sem modificá-la.

Robert: Já teve alguma experiência na qual duvidou da realidade?

Homem: Já.

Robert: O objetivo neste caso é não se confundir em relação à estratégia de realidade. Se quiser modificar a sua estratégia, podemos voltar ao momento em que duvidou da realidade e fazer com que você reviva aquela experiência com os recursos adequados. Muitas de nossas crenças foram adquiridas quando tínhamos cinco anos de idade, transmitidas por nossos pais, por outras pessoas importantes para nós ou, talvez, pela mídia. Essas pessoas nem sempre sabem instalar boas estratégias de realidade. Grande parte das nossas crenças instala-se em nosso cérebro antes de termos desenvolvido estratégias de realidade. Quem conseguiu adquirir boas estratégias de realidade ou teve sorte ou teve experiências ruins com as alternativas, até que finalmente aprendeu a instalar boas estratégias.

Embora a maioria das pessoas tenha certeza sobre a realidade, você ficaria surpreso ao ver quanto da realidade elas próprias constroem. Em algum momento, você acreditou em Papai Noel, mas depois deixou de acreditar. Você ainda pode estar lidando com crenças e realidades programadas numa época em que não tinha recursos para julgar informação de alta qualidade. Por exemplo, a criança com freqüência confunde sonho e realidade. Às vezes, as pessoas têm estratégias de realidade tão fortes que isso as impede de usar sua imaginação como um recurso. É um equilíbrio delicado, mesmo quando sabemos o que estamos fazendo.

De vez em quando, pessoas "apagam" experiências desagradáveis, fingindo que elas não aconteceram. Elas ignoram essas experiências. Outras vezes, exageram algumas experiências.

O que acontece quando pegamos um incidente que há vinte e cinco anos fez com que a pessoa tomasse uma direção na vida e o modificássemos? Antes de fazer isso, é necessário em primeiro lugar trabalhar com a crença "Perdi vinte e cinco anos da minha vida por causa das minhas crenças pessoais".

Por exemplo, uma senhora com quem trabalhei havia passado por problemas físicos e emocionais tão profundos que eles se tornaram a razão de sua sobrevivência. Seu problema era provocado por uma "voz" interna que lhe causava todo o tipo de perturbações. Nós lhe oferecemos recursos referentes a uma experiência passada para modificar sua imagem corporal, dando ao seu lado interno responsável pela "voz" novos recursos. Quando integramos todos esses recursos, ela ficou muito triste, como se tivesse perdido alguma coisa. Quando lhe perguntei o que tinha acontecido, ela disse: "A minha vida inteira, tive por objetivo sobreviver. A sobrevivência sempre foi um desafio. Agora, com todos esses recursos, parece que um lado meu desapareceu. Para que vou viver, de agora em diante?". Não é ruim que o paciente chegue a esse ponto, pois assim podemos perguntar-lhe: "Para que *deseja* viver? O que teria valor para você? O que seria bom fazer, em vez de apenas sobreviver?".

Quando fazemos um bom trabalho e ajudamos a pessoa a criar uma mudança profunda, essa questão da finalidade de vida provavelmente surgirá. E nem sempre é possível prever o que será. Se trabalharmos com essa possibilidade antes de estudar outras questões, fazendo uma ponte para o futuro com as novas possibilidades, o trabalho ficará facilitado.

Quantas pessoas lutam contra sua estratégia de realidade e depois não sabem o que fazer quando tentam modificar o seu comportamento? Já ouvi pessoas dizerem: "Daria tudo para ser diferente, mas não quero me enganar". O que elas realmente estão dizendo é: "Se eu filtrar esta nova crença de comportamento através da minha estratégia de realidade, de tal forma que se torne tão real para mim quanto o resto das coisas que faço, estarei me enganando". Se correr o bicho pega, se ficar o bicho come... Cria-se um vínculo duplo. Mesmo que esteja verificando a realidade de algo muito comum, como, por exemplo, se comeu granola ou calda quente, a pessoa estará confrontando crenças ou conflitos realmente importantes.

A importância de compreendermos as estratégias de realidade não está em determinar o que aconteceu realmente em nossa vida. Ao contrário, isto nos permite configurar uma série de verificações (exames) de decisão ou de comportamento antes de acreditar que algo novo é verdadeiro, ou antes de querer realmente agir. A pessoa não vai agir a não ser que veja o que está acontecendo de maneira clara, a menos que esse elemento se coadune com a visão geral que ela tem da sua identidade.

3

Estratégias de crença

Estratégias de crença são as maneiras pelas quais mantemos nossas crenças e nos agarramos a elas. Da mesma forma que as estratégias de realidade, elas revelam um padrão consistente de imagens, sons e sensações que atuam de maneira basicamente inconsciente. As estratégias de crença são um conjunto de indícios que usamos para decidir se vale a pena acreditar ou não em algo . Esse tipo de indício vem em geral sob a forma de submodalidades — as qualidades das imagens, sons e sensações. Peço ao leitor que tente a seguinte experiência. Compare algo em que acredita com algo em que não acredita. Observe as diferenças na qualidade das imagens, sons e sensações cinestésicas. Como o cérebro codifica as diferenças? Uma diferença que comumente ocorre diz respeito à localização das imagens, mas existem outras.

As estratégias de crença são diferentes das ''estratégias de realidade'', porque não podemos testá-las do ponto de vista sensorial, a partir de testes de realidade. Como são profundamente padronizadas, podem durar a vida toda. E isso é bom, porque sem essas estratégias nossa compreensão de nós mesmos e do mundo não seria estável.

O problema é que as estratégias de crença funcionam de forma tão automática e persistente tanto para as crenças limitantes quanto para as crenças que nos levam em direção a nosso potencial. Felizmente, elas têm uma estrutura definida que pode ser eliciada, para que possamos modificá-las em seus níveis mais profundos por meio de uma intervenção consciente.

Demonstração da estratégia de crença

Robert: Judy, pense em algo em que gostaria de poder acreditar sobre si mesma, mas não consegue. Tem algum problema desse tipo?

Judy: Estive trabalhando a questão do peso, porque é um grande problema para mim...

Robert: É um problema "de peso" realmente. O que pensa atualmente sobre isso?

Judy: O que penso? Tenho crenças conflitantes. Uso todas as proibições do tipo "posso" e "não consigo" nessa questão de peso. Tenho muitos conflitos.

Robert: Dê um exemplo de um "não consigo".

Judy: Não consigo perder peso.

Robert: Você não consegue perder peso. Vamos falar um pouco mais sobre isso. Diga algo que consegue fazer.

Judy: Consigo usar os métodos de PNL com meus clientes.

Robert: Primeiro, vamos fazer uma comparação básica. Devemos ser capazes de encontrar todas as informações a partir de uma comparação.

Quero que pense sobre perder peso durante um momento. (*Judy relaxa, suspira, olha para baixo e para a esquerda, mostrando tensão muscular ao redor da boca.*) Agora, pense que está aplicando um método de PNL num cliente, talvez em uma ocasião em que tenha tido sucesso. (*Os ombros de Judy se erguem, a tensão desaparece de seu rosto e ela olha para cima.*)

(Para o grupo): Vocês vêem que há uma diferença profunda na fisiologia de Judy, tanto nas pistas de acesso quanto nos demais sinais fisiológicos.

Existem duas razões para eu ter pedido a Judy que pensasse nisso. Em primeiro lugar, queria saber se ela modificou ou não sua crença sobre a capacidade de perder peso, com base no que vemos. O que vamos observar? Não observaremos a primeira fisiologia, mas a segunda. Temos agora uma forma de testar se ela mudou ou não sua crença. As diferenças de fisiologia nos proporcionam um teste inconsciente apurado. A segunda razão é que quero fazer uma comparação entre o estado presente e o estado desejado, e identificar o que é diferente na sua fisiologia.

(Para Judy): Agora, quero que faça algumas comparações internamente. Quando pensa em perder peso, de que forma pensa?

Judy: É uma luta.

Robert: Uma luta.

(Para o grupo) Ela repete o contraste que vimos em sua fisiologia de forma impecável. Uma das boas coisas nese tipo de trabalho é que as pessoas são geralmente muito sistemáticas em seus padrões. Já vimos essa fisiologia várias vezes. Parece um padrão.

(Para Judy): O que faz com que seja uma luta? (*Ela repete a fisiologia associada à sua dificuldade de perder peso, olha para a esquerda e para baixo, o que indica um diálogo interno.*) Algo que você fica se repetindo?

Judy: Provavelmente, sim.

Robert: O que diz para si mesma?

Judy: Que preciso me esforçar. A única maneira de perder peso é contar as calorias e controlar tudo o que coloco na boca. Mas sei que vou me sentir faminta e desconfortável.

Robert: Então, quando decide perder peso, você conta calorias — mesmo sabendo a dificuldade e a luta que isso representa. Qual o conflito?

Judy: Bem, faço isso durante certo tempo e depois desisto.

Robert: O que faz com que decida parar? Agora, quando pensa no assunto, onde está o conflito? É um conflito porque você acha que será difícil e não quer que seja? Você acha que vai ser difícil e ainda por cima não dará certo?

Judy: Prefiro esquecer o assunto e deixar que meu corpo tome conta de si mesmo. Assim é que queria que fosse.

Robert: E não acredita que possa fazer isso?

Judy: Isso mesmo. Acho que outras pessoas podem, porque já ajudei muita gente a conseguir. Mas eu não posso. (*Gesticula com a mão direita, enquanto mantém a esquerda parada.*)

Robert: Quero que preste atenção a outros detalhes.

(Para o grupo): Observem que, quando Judy fala sobre o conflito, há uma assimetria em seus gestos. Ela diz: "Queria poder abandonar tudo e deixar que meu corpo tome conta", usando ambas as mãos — um gesto simétrico... e depois ela fez um gesto assimétrico, ao dizer que não consegue. Essas assimetrias em geral revelam conflitos internos. Por exemplo, quando uma pessoa diz "Quero ser mais agressiva" e deixa sua mão direita descansando no colo, provavelmente significa que há um lado seu que deseja ser agressivo e outro lado que não quer. É bastante útil prestar atenção (calibrar) à simetria corporal. Não que eu pense que sempre que alguém não gesticula de maneira simétrica está em conflito. Mas uso uma verificação cruzada. Se não há simetria, continuo a verificar quando a pessoa gesticula com uma mão e não com a outra, enquanto fala sobre seu

problema. No caso de Judy, vamos verificar o que ela está dizendo e como está pensando sobre a sua "luta" enquanto gesticula.

(Para Judy): Quando você diz que "tem de contar calorias", é isso mesmo que escuta na sua cabeça?

Judy (*olhando para cima e para a esquerda, indicando uma lembrança visual*): Foi assim que tive bons resultados no passado.

Robert: Então, quando pensa em contar calorias, você vê algo internamente? Você fala consigo mesma ou o quê?

Judy: Vejo o livro de calorias, e estou verificando alguns itens e fazendo anotações... (*Movimenta os olhos para baixo e para a esquerda, indicando diálogo interno, depois para a direita, indicando sensações.*)

Robert: Ao ver essas coisas, você certamente tem uma sensação ou algo parecido. Portanto, quando visualiza, você sente algo?

Judy: Sinto. E também falo comigo mesma.

Robert: Se visualizar o livro e a contagem de calorias, você tem a mesma sensação de novo? (*Judy imagina o livro, relaxa o corpo e move os olhos para baixo e à direita.*) Portanto, ao imaginar, você tem uma série de sensações. Vamos comparar isso com o que sente ao fazer PNL com seus clientes, isto é, o que acha que *pode* fazer de maneira confortável.

(Para Judy): Você já aplicou PNL em outras pessoas, certo? (*Imediatamente, Judy adota a fisiologia que demonstra mais recursos.*) Como sabe que pode fazer isso sem demasiado esforço?

Judy: Consigo imaginar a situação claramente.

Robert: O que você vê?

Judy: Vejo a pessoa com quem estou trabalhando. Vejo sua reação e também ouço a confirmação por parte do meu cliente.

Robert: Bem interessante. Existe um fenômeno que chamo, brincando, de síndrome do terapeuta. A pessoa possui uma série de habilidades que foram desenvolvidas a partir da observação de outras pessoas, mas, quando se trata dela mesma, não consegue se ouvir nem se ver — e então sente-se perdida. Não sabe mais o que fazer. Não é que esteja fazendo algo errado. Isso acontece simplesmente porque ela não consegue ver ou ouvir a si mesma e dar a si mesma informações sobre o que está acontecendo. Nada tem a ver com incompetência da sua parte.

(Para Judy): Então, você vê a outra pessoa e reúne as informações a seu respeito. Como sabe que pode fazer algo para ajudá-la? Como sabe o que deve fazer?

Judy: Tenho uma sensação.

Robert: Você tem uma sensação. Na imagem interna, quando está tendo sucesso no trabalho com outra pessoa, você consegue enxergá-la com seus próprios olhos? Está envolvida na experiência? Ou está se vendo de uma maneira dissociada?

Judy: Estou vendo com meus próprios olhos, como se eu estivesse lá.

Robert: Em que essa imagem é diferente daquela na qual você está contando calorias?

Judy: Essa é mais ampla. É maior, no sentido de englobar mais elementos.

(Para o grupo): Viram a simetria? Judy gesticulou com ambas as mãos ao descrever a situação com seu cliente.

Judy: Quando penso em contar calorias, vejo o livro, e é tudo.

Robert: Você só vê o livro. Há alguma coisa no livro?

Judy: Consigo enxergar as palavras, a capa e as cores. É como se fosse uma foto colorida.

Robert: E quando você vê o cliente? (*Ela muda de postura e o grupo ri.*)

(Para o grupo): Pode ser um padrão. Temos a simetria das mãos quando ela fala do cliente, e depois a assimetria, no caso da contagem de calorias. Neste último caso, ela só gesticula com a mão esquerda.

Quero resumir até onde chegamos. Reunimos informações sobre a crença de Judy de que "não consegue perder peso". Quando lhe perguntamos sobre perder peso, ela cria uma imagem fixa do livro de calorias e sente uma sensação desagradável. Depois, ouve uma voz que diz: "Outras pessoas conseguem perder peso". Também pudemos observar uma assimetria na maneira como ela gesticula: quando fala sobre perder peso, contar calorias e ter trabalho, ela gesticula com a mão esquerda; quando diz: "Mas posso ajudar outras pessoas", gesticula com a mão direita. Revela também uma postura que parece sem recursos, sempre que pensa em perder peso.

Comparamos isso com algo que ela acha que pode fazer — ajudar os clientes a usar a PNL. Aqui, vemos que ela cria uma grande imagem panorâmica e ouve o cliente, como se estivesse realmente presente. Ela também adota uma postura que revela mais recursos e faz gestos simétricos e congruentes com as mãos.

Estamos atrás dos *padrões* comportamentais de Judy presentes em cada crença. Neste ponto, enquanto estou reunindo informações, gosto que meu cliente identifique outra crença sobre sua capacidade — outra crença sobre o que ela é *capaz* de fazer. Simultaneamente, presto atenção à sua fisiologia, seu movimento ocular, sua postura, as imagens, vozes e sensações internas, para ter uma confirmação do que observei até então. Quero descobrir que padrões são *idênticos*, no que diz respeito a essas qualidades, quando compara a crença de que é capaz de ajudar alguém usando a PNL com qualquer outra crença sobre "o que ela é capaz de fazer".

Judy: Enquanto você estava falando, eu me lembrei de outra. Percebi uma profunda mudança na maneira como me sentia em relação a minha mãe... e isso se generalizou para a minha vida inteira.

Robert: Como fez isso?

Judy (*rindo*): Procurei uma especialista em PNL.

Robert: E o que ela fez? O que mudou na sua maneira de pensar sobre sua mãe? O que quero dizer é que foi *você* quem fez a mudança, a terapeuta apenas a tornou mais fácil.

Judy: O que mudou foi a maneira como eu me sentia no relacionamento com minha mãe.

Robert: A neurolingüista não disse simplesmente: "Mude a sua sensação", e a sensação mudou. Algo que você mudou por dentro fez com que a sensação ficasse diferente.

Judy: Na verdade, ela me fez escrever uma carta. Era como se eu estivesse conversando comigo mesma.

Robert: De que modo sua percepção mudou?

Judy: Ficou mais fácil entrar em contato com um sentimento que eu tinha quando... (*Judy olha para cima e à esquerda.*)

Robert: Você está vendo alguma coisa?

Judy: Vejo toda a cena como aconteceu.

Robert: Você está vendo aquela pessoa...

Judy: Não, estou me vendo escrever a carta.

Robert: Você se vê escrevendo a carta, dissociada, como se fosse uma outra pessoa?

Judy: Isso mesmo.

Robert: E você acha que conseguiu modificar sua atitude em relação à sua mãe? Isto quer dizer que pode mudar sua atitude com relação às pessoas em geral?

Judy: Sim, porque *vejo* que posso em várias áreas da minha vida.

Robert: Porque você *vê* essa capacidade em outras áreas da sua vida.

(Para o grupo): Uma das coisas que a ouvi dizer mais de uma vez, que mostra que há uma *similaridade*, é que há uma "imagem grande". Ela disse: "Posso ver *toda a cena*", e não apenas parte da imagem, como acontece com o livro de calorias. Observem a diferença entre a visão míope do elemento pequeno e a visão total da cena. Ela obtém bem menos informações de uma imagem pequena e fixa do que de uma cena ampla.

(Para Judy): Você enxerga a cena total, no caso da perda de peso, ou apenas o pequeno livro? Você já ajudou outras pessoas a per-

der peso. O que faz com que possa ajudar outra pessoa a perder peso? Como consegue?

Judy: Depende da situação da pessoa. Uso várias técnicas de PNL.

Robert: Existe alguma coisa que lhe permite saber como proceder, independentemente do contexto. O que é?

Judy: Sinto o que deve ser feito. Percebo o que preciso saber para ser capaz de dar o próximo passo. Sou quase intuitiva comigo mesma, mas sei que não é só intuição... (*Mais risos.*)

Robert (*para o grupo*): Aliás, um dos meus objetivos ao usar a PNL é fazer com que as pessoas possam funcionar no nível intuitivo. Por que ter de pensar em tudo o que se está fazendo? Dá muito trabalho e perde-se muito tempo. Os métodos de PNL dão validade à intuição e ajudam mais as pessoas.

Estou partindo da hipótese de que Judy reúne informações suficientes sobre uma pessoa até que, de repente, percebe a imagem total, e é assim que ela sabe o que fazer. Não quero que ela encontre uma solução neste exato momento. Quero que ela *acredite* que é capaz de encontrar a solução. É evidente que ela não vai perder peso sentada aqui na nossa frente. Se acreditar que pode conseguir, acho que ela possui os recursos necessários para atingir seu objetivo.

(Para Judy): Você quer acreditar que poderia perder peso assim como acreditou que poderia modificar seu sentimento em relação à sua mãe, certo?

Judy: Certo.

Robert: O que a impede de ver a imagem inteira?

Judy: Quando penso no meu peso, tenho uma sensação desagradável. Se conseguisse ver a imagem inteira, talvez soubesse o que fazer.

Robert: Vamos tentar transformar sua estratégia de crença limitante no mesmo tipo de estratégia que a faz acreditar poder fazer algo. Veja a si mesma, na sua imaginação, como se fosse um cliente chegando para uma consulta. Veja a si mesma e todas as coisas que já tentou no passado para perder peso. Aliás, ouça a si mesma descrevendo o que tentou fazer. Imagine que você, no papel de "cliente", conta a *você*, o terapeuta, todas as coisas que me contou.

Antes de mais nada, coloque a imagem bem à sua frente. (*Faz gestos.*) Consegue se ver?

Judy: Vejo alguns pedaços do livro de calorias, mas ainda tenho a sensação...

Robert: Ainda tem a sensação. O que faria se um cliente seu tivesse uma sensação da qual não conseguisse se livrar?

Judy: Usaria uns pequenos truques. Pediria que se concentrasse na sensação. Depois desviaria a atenção dele... e depois... (*Assume a fisiologia que revela quando sabe o que fazer.*)

Robert: Parece ótimo. (*Risos.*)

(Para o grupo): Acho que ela tem os recursos necessários. Aliás, ela vai me contar como faz.

(Para Judy): Como você faz para perder peso?

Judy: Vamos ver se consigo. (*Seus olhos erguem-se para a esquerda e depois baixam para a direita, para ter acesso às sensações.*) É uma sensação tão grande...

Robert: Então, é uma sensação grande. O que faz com um cliente que tem uma sensação grande? O que lhe pediria para fazer?

Judy: Depende. Posso pedir que entre na "imensidão" da sensação, para depois jogar com ela. Ou ainda, se for conveniente, posso pedir que faça a sensação encolher, tornando-a menor.

Robert: Qual desses dois procedimentos seria mais conveniente no seu caso? Use sua intuição.

Judy: Às vezes acho que, se pudesse entrar naquela imensa sensação, conseguiria entender o meu problema.

Robert (*para o grupo*): Vou fazer outra coisa agora. Dá para ver que não se trata apenas de uma sensação. Há também uma imagem (*Robert gesticula para cima e para a esquerda de Judy.*) Será útil descobrir que imagem é essa.

(Para Judy): Volte para aquela sensação e olhe para cima. O que vê? Pode manter a sensação. Talvez seja algo que vê.

Judy: Vejo uma imensa mulher... Ela é realmente imensa. (*Judy fica visivelmente tensa.*)

Robert: Quem é?

Judy: Bem, a imagem me influencia.

Robert: É algo que você vê. Essa imagem está relacionada a você de alguma forma? A imagem é maior do que você. Ela cria a imensa sensação que a influencia. De que forma ela está relacionada a você?

Judy: Ela tem influência *sobre* mim.

Robert: De que maneira?

Judy: Sinto que aquela imensa mulher está lá fora me envolvendo o tempo todo.

Robert: Então, ela está lá fora... ela envolve você.

Judy: Isso mesmo.

Robert: Agora que teve acesso a essa informação, peço que dê um passo para trás e afaste a imagem de você. Veja a imagem de si mesma envolvida pela mulher que está à sua frente.

Judy (*relaxando*): Prefiro ver assim, a distância.

Robert: Agora que pode ver o que está acontecendo, a distância, de que recursos a Judy que está envolvida por aquela mulher precisa para ter mais escolhas e fazer o que você quer?

Judy: Interessante. Sempre tentei cuidar *dela*. Nunca pensei cuidar de *mim*.

Robert: Bom, é *você* que precisa dos recursos.

Judy: Preciso ter certeza de que eu não sou ela.

Robert: Do que precisa para poder fazer isto?

Judy: Preciso separar as duas visualmente.

Robert: Então, faça isso. Se precisar de mais recursos, vamos acrescentá-los.

Judy: Tudo bem, posso cuidar disso.

Robert: Ótimo. Há mais alguma coisa de que a Judy lá de cima precise? (*Gesticula.*)

Judy: Estou revendo toda essa questão de crenças. Eu *posso* modificar a crença que tive quando me separei daquela imensa mulher que me envolvia. Posso perceber que minha crença sobre perder peso não tem sido muito lógica, pois se baseia naquela sensação e em qualquer coisa que aquela mulher imensa personifique.

Robert (*para o grupo*): Observando a maneira como Judy está se calibrando, começamos a perceber um pouco da outra fisiologia, a que está associada ao que Judy acredita que *pode* fazer.

(Para Judy): Acho que você tem os recursos necessários. Provavelmente, o que impediu essa crença foi o fato de você não saber o que estava olhando lá fora. Como a crença limitante se manifestava visualmente, era difícil para você enxergar o que precisava fazer (*gesticulando*) quando estava envolta até esse ponto (*gesticulando para dentro do corpo*). Não era só uma questão de segmentar a imagem em pedaços menores e levá-la para baixo. Você precisava ver a imagem completa. Acho que em grande parte era isso que estava acontecendo.

Enquanto olha para a imagem lá fora, à sua frente, consegue aumentá-la? De que forma você poderia separar essa influência ou pelo menos lidar com ela?

Judy: Há um exercício mental que posso fazer. É uma das técnicas que eu usaria com outra pessoa. Posso separá-las, depois ver o que preciso para perder peso. (*Enquanto repassa mentalmente o processo, sua fisiologia muda radicalmente, passando a revelar os mesmos recursos que ela apresenta quando "acredita que pode fazer".*)

Robert: Acho que você possui todos os recursos necessários. Acredita que pode perder peso? Podemos tratar de técnicas específicas sobre *como* perder peso mais tarde. Lembre-se de que, no início, quando pensou em perder peso, havia um conflito.

(Para o grupo): Não passo à etapa seguinte a não ser que tenha observado uma mudança clara na fisiologia da pessoa, como a que acabamos de ver agora. Sei que progredimos, porque, quando lhe pedi que pensasse de novo na questão, ela não voltou àquela fisiologia de falta de recursos. Pude ver claramente que há uma estratégia

e uma fisiologia bem diferentes associadas à perda de peso, se comparadas com a que ela apresentou quando lhe perguntei pela primeira vez sobre sua crença.

Exercício para identificar estratégias de crença

Vamos fazer um exercício agora. Pensem em algo que acham que podem fazer e comparem isso com algo que acham que não podem fazer. Especifiquem a diferença. Então, peguem a crença limitante e a tornem igual à crença de que são capazes de fazer algo. Se algo os impedir, descubram o que é.

O objetivo é fazer com que a limitação se torne igual a uma crença de recursos. Usem os processos de mudança que acharem necessários. Talvez vocês acabem fazendo alguma coisa totalmente diferente do que fiz em termos de identificação da interferência e acréscimo do recurso adequado. O objetivo básico é fazer com que a crença que vocês julgam impossível se torne mais parecida possível com aquela que vocês julgam possível.

Discussão

A maioria de vocês viu que podia identificar as diferenças e criar rapidamente a mudança desejada. Alguns descobriram bons exemplos de experiências anteriores significativas (impressões) que os impedem de ir adiante. O capítulo 4 oferece uma análise mais completa das técnicas de impressões e reimpressões.

Algumas pessoas devem ter encontrado bons exemplos de crenças sobre a necessidade de serem perfeitas. Este tipo de crença é realmente depreciativa. Quem pensa assim diz: "Eu fiz, mas não com perfeição". Freqüentemente, uma pessoa consegue fazer algo com perfeição milhares de vezes, mas, diante de um único erro, julga-se imperfeita, sem levar em conta os sucessos anteriores. Naturalmente, mesmo tendo um sucesso, ela acha que ele não é "verdadeiro", pois, se der errado da próxima vez, o resto não vai contar. Se a pessoa se comparar a Deus, o resultado vai ser negativo. O problema com esse tipo de crença é que os critérios para a definição do sucesso são inadequados.

Muitos de vocês provavelmente descobriram que as crenças identificadas envolviam uma comparação. Por exemplo: trabalhei com uma senhora que tinha uma idéia clara do que queria atingir. Quanto mais perto chegava do seu objetivo, pior se sentia por ainda não tê-lo atingido. Imaginem que tipo de vínculo se criava. Quanto melhor seu desempenho, pior ela se sentia, pois quanto mais se aproximava da perfeição, maior era o seu sofrimento por não ter atingido a última pequena etapa. Essa mulher tinha o seguinte padrão de comportamento: iniciava alguma coisa, desempenhando-a muito bem, mas quando estava próxima de atingir o sucesso, o nível de tensão era tal que a fazia desistir. Ela nunca conseguiu obter sucesso completo em nada do que fazia.

Esse processo que acabamos de demonstrar é útil para reunir informações. Esse procedimento de análise por contraste indica o lugar exato em que o trabalho de mudança precisa ser aplicado, o que pode economizar tempo e frustração ao trabalharmos com outras pessoas.

Nota da tradução:

Para manter a fluência do texto, resolvemos adotar a palavra Impressão para traduzir Imprint *e Reimpressão para traduzir* Re-imprint, *embora, na prática, alguns especialistas brasileiros utilizem essas expressões na língua original.*

4

Reimpressão

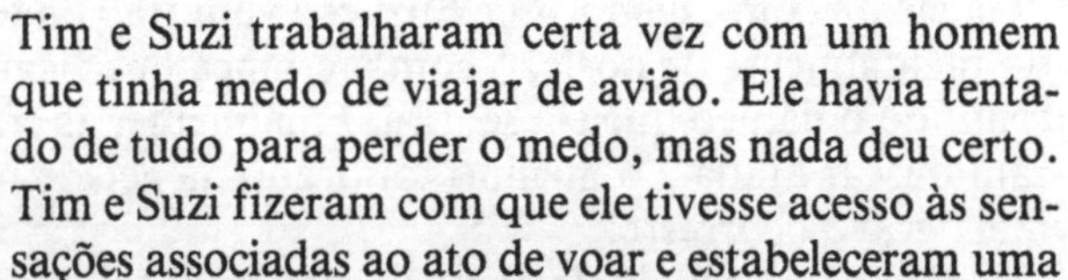

Tim e Suzi trabalharam certa vez com um homem que tinha medo de viajar de avião. Ele havia tentado de tudo para perder o medo, mas nada deu certo. Tim e Suzi fizeram com que ele tivesse acesso às sensações associadas ao ato de voar e estabeleceram uma âncora cinestésica, tocando em seu ombro. (Âncora é um processo de estímulo-resposta no qual algum estímulo externo é associado a um estado interno ou a um conjunto de representações. Uma âncora que ocorre naturalmente é, por exemplo, uma canção que nos leva de volta a uma experiência anterior sempre que a ouvimos. Bandler e Grinder descobriram que é possível criar âncoras de maneira intencional. Um estado interno pode ser associado a um toque externo, a um som ou a algo que a pessoa possa ver. A partir do momento em que essa associação é criada, a pessoa pode vivenciar a experiência quando quiser. Se a âncora criada for cinestésica, pode-se manter o estado mantendo-se a âncora.)

Eles sugeriram que a sensação ancorada o levasse, numa "viagem no tempo", a outros incidentes que lhe tivessem proporcionado a mesma sensação. Logo ele se queixou de "um branco". Pacientemente, Tim e Suzi mantiveram a âncora e acompanharam seu ritmo, afirmando que aquele "branco" era muito importante e recomendando que ele relaxasse e se concentrasse no branco. Quando ele relaxou, eles lhe contaram uma história, uma metáfora terapêutica sobre uma ocasião em que, numa noite de forte nevoeiro, eles saíram pelas ruas da vizinhança à procura de um cachorro. Embora o nevoeiro fosse tão denso que não lhes permitisse enxergar nada a mais de 3 metros de distância, eles intuitivamente sabiam onde as coisas estavam localizadas e conseguiram achar o que estavam procurando.

Cerca de dez minutos depois, o homem começou a ver imagens instantâneas, como diapositivos, que segundo ele nada tinham a ver com a sua fobia. O primeiro diapositivo mostra um velho segurando um ramalhete de flores. O homem tinha sido seu vizinho quando ele era bem pequeno. Depois, ele viu outros diapositivos, que puderam ser colocados um após o outro, formando um filme sobre uma experiência vivenciada na infância.

Era uma experiência da qual ele não se lembrava conscientemente, mas que se revelou importante para a fobia quando eles exploraram as relações. Ele e outras crianças pequenas estavam brincando num terreno baldio atrás da casa de um senhor idoso quando viram uma geladeira jogada no chão, com a porta aberta. Não se sabe como, um dos meninos ficou trancado dentro da geladeira, sem poder sair. O paciente com quem Tim e Suzi estavam trabalhando havia trocado mentalmente de posição com a criança que ficara presa e estava sentindo o pânico que ela sentira. Finalmente, as crianças conseguiram buscar ajuda e o menino foi tirado da geladeira antes que algo mais grave ocorresse.

Quando o pai do paciente chegou ao local onde ocorrera o acidente, disse a ele: "Que isto lhe sirva de lição. *Nunca* entre em um local de onde não possa sair". Quando ficou adulto, esse homem passou a sentir pânico sempre que se via "preso" dentro de um avião.

Assim que conseguiram ir além do "branco", ou seja, do impasse, Tim e Suzi puderam aplicar o processo de reimpressão sobre o qual falaremos neste capítulo e dar ao seu paciente novas escolhas sobre seus sentimentos em relação a viajar de avião. Hoje, ele toma um avião três ou quatro vezes por mês, a trabalho, e sente-se tão à vontade que geralmente dorme durante o vôo.

O que é e como ocorre uma impressão

Uma impressão é um incidente significativo ocorrido no passado, durante o qual se tornou uma crença ou um grupo de crenças. Todos os métodos de cura física ou psicológica que conheço, aceitam o fato de que os comportamentos atuais são muitas vezes criados ou moldados por comportamentos ou incidentes passados. Para os especialistas em PNL, o que é importante na experiência passada *não* é o conteúdo do que aconteceu, mas a impressão ou crença que a pessoa passou a ter a partir da experiência.

A noção de impressão vem de Konrad Lorenz, que estudou o comportamento de filhotes de pato no momento em que saíam do ovo. Ele descobriu que os patinhos imprimiam uma figura materna na mente desde o primeiro dia de vida. Essa escolha era feita a partir de um movimento, de forma que qualquer objeto ou pessoa que se movesse logo que eles saíam do ovo passava a ser seguido e "se tornava" a mãe. Lorenz andava e os patinhos o seguiam. Ele também percebeu que, ao apresentá-los à verdadeira mãe-pata, os patinhos a ignoravam e continuavam a segui-lo. De manhã, ao levantar-se, ele saía de casa e via os patinhos enroscados em suas botas em vez de permanecerem no ninho.

Segundo ele, certa vez uma bola de pingue-pongue rolou para perto de um dos ovos no momento em que um dos patinhos saía da casca. Ele imediatamente "imprimiu" a bola, que dali por diante passou a ser sua "mãe". Algum tempo depois, na época do acasalamento, o pato ignorava os outros da sua espécie e tentava subir em qualquer objeto redondo que encontrasse pela frente.

Konrad Lorenz e seus colegas acreditavam que as impressões eram gravadas em períodos neurológicos importantes e que, uma vez ultrapassado o período crítico, o que quer que tivesse sido "impresso" tornava-se permanente e não sujeito à mudança.

Investigando o fenômeno da impressão nos seres humanos, Timothy Leary descobriu que o sistema nervoso humano era mais sofisticado do que o dos patos e outros animais. Verificou, que, em condições adequadas, o conteúdo que havia sido impresso em períodos críticos anteriores podia ser acessado e reprogramado, ou seja, reimpresso.

Leary também identificou vários períodos críticos de desenvolvimento nos seres humanos. As impressões criadas nesses períodos produziam crenças básicas que moldavam a personalidade e inteligência do indivíduo: crenças sobre sobrevivência biológica, ligações sentimentais, bem-estar, destreza intelectual, papel social, apreciação estética e "metacognição", ou seja, percepção dos próprios processos mentais. Portanto, os problemas físicos de saúde parecem originar-se de crenças básicas e comportamentos auxiliares criados durante o período crítico de sobrevivência biológica, enquanto as fobias teriam suas raízes no período de bem-estar emocional. As deficiências de aprendizagem podem advir de impressões formadas durante o período crítico que envolve a destreza intelectual, e assim por diante.

O desenvolvimento da técnica de reimpressão da PNL nasceu de uma série de seminários que conduzi em colaboração com Leary.

Foi a partir do meu trabalho com ele que percebi que alguns episódios traumáticos vivenciados pelos clientes eram mais do que apenas lembranças ruins, passíveis de serem tratadas com simples técnicas de integração. Com freqüência havia impressões de crenças e de identidade que formavam a base da personalidade da pessoa, exigindo portanto uma abordagem diferente para influenciá-la de maneira duradoura e adequada.

As impressões podem ser experiências "positivas" significativas, que geram crenças úteis, ou experiências traumáticas ou problemáticas, que conduzem a crenças limitantes. Na maioria das vezes, elas incluem pessoas consideradas importantes, que inconscientemente serviram como modelo.

Façamos uma comparação entre o comportamento do pato e o comportamento humano, usando os maus-tratos de crianças como ponto de comparação. As pesquisas comprovam que com freqüência pessoas que sofreram maus-tratos quando crianças, ao chegarem à idade adulta, tendem a repetir inconscientemente as experiências desagradáveis que tiveram na infância. Por exemplo, em geral as mulheres que sofreram maus-tratos casam-se com homens que as maltratam. Homens que apanharam quando crianças podem bater em seus filhos. Se apanharam de suas mães, podem ter relacionamentos em que são, de certa forma, a pessoa inferior. Estudos mostram que as mulheres que foram espancadas por suas mães tendem a ser mais violentas com os filhos do as que não o foram. As impressões podem ser uma explicação para esse fenômeno. As pessoas que sofreram maus-tratos na infância podem imprimir em suas mentes que este é o comportamento típico de pais, mães, maridos ou esposas.

No momento em que os patinhos saíam do ovo, nenhum parou para pensar: "Nossa, que mãe mais estranha! Acho melhor descobrir o que está acontecendo por aqui". O cérebro dos patos com certeza registrava: "É assim que as mães são". Os seres humanos fazem *exatamente* a mesma coisa.

Modelagem e adoção do ponto de vista da outra pessoa

Uma vez trabalhei com uma senhora que tinha câncer na garganta. Ela tinha a sensação de que sua garganta, e até o resto do seu corpo, não lhe pertencia. Era como se alguém lhe tivesse roubado o corpo. Ancorei essa sensação e pedi-lhe que a usasse para lembrar-se de uma experiência do seu passado. Era uma lembrança da primeira infância. Ela disse: "Minha mãe me agarrou pelo pescoço e está me sacudindo". Enquanto dizia isso, porém, ela fazia movimentos com suas próprias mãos. Sua voz estava cheia de raiva, como deve ter sido a de sua mãe, não a de uma criança com medo. Ela trocara de posição com a mãe. Não mostrava o comportamento de uma criancinha, e sim o da mãe, isto é, da agressora.

Quando crianças, temos relacionamentos muito intensos e constantes com nossos pais. Imprimimos (introjetamos) algumas de suas crenças e comportamentos, fazendo-os nossos. Uma senhora me disse: "Quando eu era pequena e minha mãe me batia, eu só ficava triste e confusa. Agora que sou adulta, acho mais fácil me identificar com os sentimentos de minha mãe. Em vez da tristeza e do medo que sentia quando criança, sinto a mesma raiva que minha mãe sentia". Outra senhora contou: "Às vezes, sinto-me possuída por minha mãe". À medida que crescemos e nosso corpo se modifica, fica mais fácil reproduzir o comportamento do adulto.

Uma impressão não é necessariamente lógica. É algo intuitivo, que acontece normalmente em períodos críticos de desenvolvimento.

Na infância, a maioria das pessoas não tem uma percepção real da própria identidade, e por isso fingem que são outra pessoa, copiando um modelo — sem parar para pensar. Podemos terminar como os patinhos que não sabiam escolher direito quem queriam que fosse sua mãe.

O adulto é, em muitos aspectos, uma incorporação dos modelos de adultos com os quais cresceu. O modelo de adulto tem características de pessoas importantes do passado, características apoiadas em crenças e comportamentos que a pessoa incorporou precocemente, quando criança. Essas crenças e comportamentos emergem quando se atinge uma certa idade, quando não se é mais criança. Por isso, durante o processo de reimpressão, é importante lidar com as outras pessoas envolvidas no processo e com a imagem infantil do paciente.

Trabalhei com uma mulher que queria fazer ginástica para ficar em forma. Quando estávamos próximos da mudança desejada, ela teve uma reação *muito* forte. Perguntei o que a impedia de continuar, e ela respondeu: "Se eu fizer esta modificação, vou passar a *gostar realmente* de mim mesma". Como isso não me parecia nada terrível, perguntei-lhe qual seria o problema. "Se eu gostar de mim, posso perder as pessoas de quem gosto." Perguntei-lhe de onde havia tirado aquela idéia, pois trata-se sem dúvida de uma crença. "Se eu gostar e cuidar de mim mesma, vou perder as pessoas de quem gosto."

Realmente, havia precedentes na sua família. Sempre que as pessoas faziam algo de bom para si próprias, seus parceiros não suportavam a situação e o relacionamento era desfeito. Quando imaginava o futuro, minha cliente tinha uma sensação desagradável em relação a fazer algo de bom por si mesma. Essa sensação tinha a ver com algo do passado de outras pessoas. Portanto, podemos ter fortes sentimentos limitantes se nos colocarmos na posição de outra pessoa.

A identificação e o trabalho com impressões

A parte mais difícil da mudança de qualquer sistema de crenças é o fato de que a impressão pode não estar no nível consciente. Os comportamentos mais importantes são geralmente os mais cotidianos. São comportamentos dos quais nem temos consciência. Quando usamos uma sensação como âncora para nos levar a lembranças passadas, as experiências de que nos lembramos primeiro não são tão importantes quanto voltar ao ponto em que nos sentimos confusos e dizemos: "Não sei. Não sei por que faço isso". Nesse ponto, sabemos que estamos chegando a algo importante — que costumo chamar de impasse. É uma orientação bastante interessante e talvez uma abordagem diferente da que foi tomada no passado. É aí que a pessoa sabe que está no "local correto", em termos de identificação das circunstâncias nas quais criou a crença limitante.

O "branco" — impasses

No caso de não se conseguir descobrir uma impressão associada a um impasse, pode-se pedir ao cliente que invente alguma coisa para fazer tal associação. Por exemplo, pode-se dizer: "Imagine o que esta sensação significa". Isto lhe dará um ponto de partida. Se o episódio inventado tiver a mesma intensidade no nível fisiológico que o estado problemático, é uma prova de que existe uma ligação.

Às vezes, quando ancoramos uma sensação, mesmo que intensa, e mantemos essa âncora para ajudar o cliente a se lembrar das experiências passadas, a pessoa tem um branco, como no caso do homem que tinha medo de avião. De repente, não há nada com que se trabalhar. Parece que algumas pessoas aprenderam a dissociar-se da dor para evitar o que virá em seguida. Pode-se ancorar este "branco" e voltar atrás no tempo, procurando uma impressão importante do passado. É necessário ser paciente, e quase sempre a paciência é recompensada. Com freqüência, o paciente começará a ver imagens em diapositivos, que poderá juntar para descobrir os detalhes da situação que causou a impressão.

Quando uma pessoa chega a um impasse, uma técnica útil para identificar impressões é interrompê-la imediatamente e em seguida ancorar um forte estado de recursos. O recurso pode ser algo como coragem ou força — um recurso genérico que pode ser útil em diferentes situações.

Acho útil usar histórias terapêuticas (metáforas) quando estou buscando a integração. Quando se chega a um impasse no qual a mente consciente faz uma coisa e a mente inconsciente faz outra, é útil contar uma metáfora, sobretudo quando a pessoa está dizendo: "Não faz o menor sentido". Coloquei em minha parede uma frase de Albert Einstein, que diz o seguinte: "Tudo deve ser feito da maneira mais simples possível, porém não mais simples do que o possível". Geralmente digo isso às pessoas que se encontram num beco sem saída e comento que, se elas tentarem fazer com que algo aconteça mais rapidamente ou de maneira menos simples do que é possível, podem encontrar resistência. Uma das coisas boas sobre as metáforas é que elas são processadas em ambos os hemisférios, de forma que preencham lacunas de raciocínio. Mesmo que a metáfora nada mais faça do que reafirmar o que o terapeuta acabou de dizer através de uma analogia ou história, pode ser compreendida num nível diferente.

Mudança da história pessoal sem o uso de modelos

Ocasionalmente, encontramos experiências de impressão nas quais não há uma introjeção evidente do modelo de alguém importante. Vou dar alguns exemplos de impressões em que não há uma troca clara de lugar com o modelo. Trabalhei com um homem de negócios bem-sucedido, de 35 anos, que não conseguia escrever corretamente. Em vez de visualizar a palavra corretamente escrita, ele via o rosto de sua professora, que lhe dizia que estava indo mal. Ele se sentia tão mal que não conseguia mais enxergar a palavra. Apesar de não trocar de lugar com sua professora, seu problema advinha do relacionamento que havia tido com ela.

Examinamos a intenção positiva que estava por trás do comportamento de sua professora primária e pedimos que nosso cliente trocasse de posição com ela. Ele descobriu que ela tentava motivá-lo a aprender a escrever corretamente. O fato de determinar a intenção positiva modificou o relacionamento em sua mente, e o rosto da professora deixou de ser um empecilho gravado. Depois disso, ele nem precisava mais olhar de novo para a palavra. As letras literalmente pulavam em sua mente. Ele conhecia as letras e era capaz de escrever corretamente; simplesmente não conseguia ter acesso às palavras em sua tela mental por causa da interferência. Quando eliminamos a interferência (o rosto da professora), as palavras de repente apareceram. Este é um exemplo de como uma impressão conseguiu impedir a pessoa de levar a cabo um processo simples, resultando numa crença de que ele era incapaz de escrever corretamente.

Há pouco tempo, fui chamado para trabalhar com um mergulhador profissional que tinha medo de mergulhar em águas lamacentas. Ele não tinha a mínima idéia da razão daquele medo. Ao me contar como se sentia, observei que ele olhava para cima e à esquerda. Era evidente que ele estava criando uma imagem que estava fora do campo da sua consciência. Embora estivesse tendo um acesso visual, ele disse que a *sensação* da água era "assustadora". Quando lhe perguntei o que via, ele respondeu: "Não sei. Não vejo nada". (Muitas vezes, quando se trata de crenças, a pessoa tem pouca consciência do seu processo mental.) Pedi que olhasse para cima, exagerando a sensação, para que, tornando-a mais forte, provocasse o aparecimento de imagens mentais. Quando ele exagerou a sensação, surgiu uma imagem. Ele tinha 12 anos e estava brincando em um riacho lamacento. O rio estava sendo dragado, procuravam um cadáver, no qual ele pisou. Era isso o que o incomodava na água lamacenta. Mas conhecer a impressão do passado não eliminou o medo. Tínhamos de levar em consideração que capacidades, informações ou outros recursos precisavam ser acrescentados àquela experiência antiga a fim de torná-la diferente.

Como não havia nenhuma troca óbvia de lugar entre ele e outras pessoas, em vez de fazer uma reimpressão completa, bastou uma ancoragem. Pedi que revivesse a experiência e, usando técnicas básicas de ancoragem, acrescentei mais escolhas para que ele atingisse o estado desejado. Foi um passo simples, mas fez uma grande diferença — ele conseguiu mergulhar em águas lamacentas, com o cuidado *necessário*.

Experiências de impressão com o uso de modelos

Uma experiência de impressão geralmente inclui a presença inconsciente de pessoas importantes que serviram como modelo. O objetivo da reimpressão é dar à pessoa novas escolhas na sua maneira de pensar sobre a antiga experiência que causou a impressão. Essas novas escolhas ajudam a pessoa a mudar as crenças sobre si mesma, sobre o mundo e sobre as outras pessoas que lhe serviram de modelo.

Para fazer uma reimpressão é necessário acrescentar os recursos que teriam sido necessários no momento da experiência, para que a pessoa tivesse mais escolhas sobre seu comportamento. Provavelmente, também será necessário acrescentar recursos para as outras pessoas envolvidas na experiência antiga. (Ver "Resumo do processo de reimpressão", passos III e IV, página 91.)

Nota do editor: A seguir, a transcrição completa de uma sessão de reimpressão com um cliente, demonstrando de que forma são acrescentados os recursos para o cliente e para a pessoa que lhe serviu de modelo. Deve-se observar o uso consistente, por parte de Robert, do acompanhamento do paciente, como forma de estabelecer *rapport* e compreensão. Seus comentários para o grupo também servem como metáforas e explicações para Bill.

Demonstração da reimpressão

Robert: Bill, por que não se apresenta e nos diz por que está aqui hoje?

(*Para o grupo*): Bill disse que não se importa de nos contar o conteúdo de sua experiência caso seja necessário. Eu uso o conteúdo de várias formas. Às vezes, é útil saber *um pouco* do conteúdo das experiências importantes (impressões) que a pessoa teve, para que possamos ver como as coisas se encaixam. Também preciso saber o suficiente sobre o conteúdo para calibrar a tonalidade de voz, as pistas de acesso, a fisiologia etc. associadas à experiência de Bill. Quando peço a uma pessoa que me conte sobre a experiência "x", não estou preocupado com sua resposta verbal e consciente. Ao contrário, verifico a postura, as pistas de acesso, o tom e a cadência da voz, os gestos e os padrões de linguagem que ela adota. À medida que essas pistas forem surgindo, indicarei o tipo de informação que obtenho a partir delas.

Bill: Eu me chamo Bill e sou de São Francisco. No outono passado, recebi o diagnóstico do que é chamado de doença relacionada à AIDS, precursora da AIDS. Meus sintomas ainda são leves, mas, considerados como um todo, indicam ao meu médico que meu sistema imunológico está arruinado. O resultado do meu exame do vírus da AIDS foi positivo.

Robert: Queria saber o que seria um estado desejado para você.

Bill: Ficar vivo.

Robert: Ficar vivo. Vamos reduzir um pouco esta noção para que seu cérebro possa assimilá-la. Ficar vivo é um segmento bastante amplo.

(*Para o grupo*): Às vezes acho que minha função neste estágio do trabalho é a de um agente de viagens comportamental. O cliente chega à agência de viagens e o funcionário pergunta: "Para onde deseja ir?" Caso o cliente responda "Quero voltar para casa", é necessário obter mais informações antes de poder ajudá-lo.

(*Para Bill*): Quando você falou em ficar vivo, notei que os olhos foram para cima. Vê alguma coisa?

Bill: Vejo a mim mesmo, no futuro, sentindo-me bem sem nenhum sintoma.

Robert: Uma imagem dissociada. A afirmação "sem nenhum sintoma" é uma declaração negativa sobre o que *não vai sentir*. Se não tiver nenhum sintoma, como será?

Bill: Pareço saudável.

Robert: O que estará fazendo, quando estiver saudável, no futuro que não está fazendo agora?

Bill: Estaria melhor, do ponto de vista físico.

Robert: Você tem a sensação de "estar melhor" quando vê a imagem?

Bill: Se olhar bastante tempo para ela.

Robert: Bastante tempo?

Bill: Eu me vejo fazendo ginástica numa academia e me sinto melhor.

Robert: Ótimo. Como poderia expandir essa sensação a outros contextos? Seu relacionamento com as pessoas ou no trabalho seria diferente?

Bill: Passaria mais tempo com as pessoas. Recentemente, não venho me sentindo muito bem para ter muitos amigos.

Robert: Então você passaria mais tempo com as pessoas.

Bill: Eu iria me divertir junto com elas.

Robert: Há alguém em especial? Não precisa dizer os nomes.

Bill: Há, sim. Amigos e colegas de trabalho.

(*Para o grupo*): Observem que agora a imagem se ampliou. Ele começou com uma imagem de si mesmo saudável, fazendo ginástica em uma academia. O objetivo é que ele veja a vida mais ampla, além da imagem que tem. Podemos começar por perguntar: Se você se sente saudável *naquele* contexto, como isso se estende para o resto da sua vida?

Precisamos verificar as questões ecológicas de outras áreas de sua vida que talvez necessitem ser tratadas. Às vezes uma pessoa considera ter saúde viver sua vida da maneira que lhe apraz. Pessoas que desejam desistir de alguma coisa podem dizer: "Se eu conseguir deixar de fumar, vou conseguir fazer tudo o que desejo na vida". Claro que existem outras questões além de parar de fumar, pois por trás disso há um número imenso de implicações. Ter saúde para Bill significa muito mais do que apenas fazer ginástica numa academia.

(*Para Bill*): O que precisa ser mudado em seu corpo para lhe dar o futuro saudável que deseja? Imagine o interior do seu corpo como está agora, e também de que forma ele seria diferente se fosse saudável. Compare as duas imagens.

Bill: Meu sistema imunológico ficaria mais forte.

Robert: De que maneira especificamente? Como ele ficaria?

Bill: Não sei. Acho que algo no estilo do modelo Simonton — os come-come.[1]

Robert: O modelo come-come do sistema imunológico.

(*Para o grupo*): A primeira coisa que Bill disse é que nunca havia imaginado isso antes. Ele está dizendo: "Não sei que forma teria". Ele aceita um modelo no qual os bichinhos come-come (o seu sistema imunológico) serão mais fortes do que o vírus, ou algo parecido.

O que é a AIDS e o que ela faz? Trata-se de um vírus que apresenta um paradoxo. Na verdade, ele ataca algumas células do sistema imunológico. Se tentarmos atacar essas células, por meio de visualização, estaremos atacando o próprio sistema imunológico. O vírus da AIDS infecta as células marcadoras do sistema imunológico — as células que identificam o que é bom para o organismo e aquilo que as outras células imunológicas devem eliminar. É por isso que as pessoas ficam mais suscetíveis a infecções quando têm o vírus da AIDS. Não é porque tenham menos bichinhos come-come. Eles não estão infectados. As células do organismo que brincam com os bichinhos é que estão. O problema é que a pessoa precisa se livrar de algumas das células imunológicas para construir o seu sistema imunológico.

Portanto, não é somente uma questão de ter mais bichinhos come-come. É uma questão de fazer com que os bichinhos façam a coisa certa. Não se trata de fazer com que os come-come engulam alguma coisa. Trata-se de manter a integridade da nossa identidade física. Muitas pessoas têm o vírus da AIDS, mas são totalmente assintomáticas. Talvez nunca venham a ter os sintomas ou levem anos para desenvolvê-los.

(*Para Bill*): Para chegar ao futuro saudável que deseja, algumas coisas também devem acontecer dentro do seu sistema imunológico. É por isso que estou perguntando o que você está vendo e dando toda essa explicação.

Bill: Estou entendendo.

Robert: Seu sistema imunológico determina o que é *ele próprio* e o que *não é ele próprio*. É uma questão de identidade. Às vezes, os problemas e doenças do sistema imunológico correspondem a outras questões também ligadas à identidade. Eis por que lhe perguntei: "Quem será você, quando estiver com saúde?".

Vou dar outro exemplo. As pessoas que têm problemas de múltipla personalidade com freqüência apresentam uma reação imunológica diferente para cada uma das suas várias personalidades. Por exemplo, uma das personalidades pode ser alérgica e a outra não. Li sobre uma mulher que era diabética em uma das suas personalidades, enquanto não sofria de diabetes na outra personalidade. Um dos tipos de diabetes é uma disfunção na qual o sistema imunológico ataca as células do pâncreas, que produzem insulina. Quando a personalidade muda, com freqüência muda todo um conjunto de outros elementos (tais como o sistema imunológico).

(*Para Bill*): Que tipo de imagem está vendo agora? Estou lhe dando algumas informações que podem ajudá-lo a formar uma imagem do seu estado atual.

Bill: Vejo uma imagem do meu sistema imunológico, mas parece mais o meu sistema circulatório com os vasos sangüíneos contraídos e em péssimo estado. A solução óbvia seria que eles dilatassem. Parece-me mais realista do que a imagem dos bichinhos come-come que tinha anteriormente.

Robert: Então você quer ver algo que se dilate. O que está provocando o colapso e a constrição?

Bill: Eu mesmo.

Robert: De que maneira?

Bill: Não sei, mas alguma coisa na minha mente está provocando isso.

Robert: Para que você estaria fazendo isso ao seu sistema imunológico?

Bill: Posso imaginar várias hipóteses. Já usei a doença para obter carinho. Quando tive asma, em criança. Eu obtinha atenção por estar doente. Estou obtendo atenção atualmente.

Robert: Você disse: "Percebo um ganho positivo com esta situação. Atenção".

(*Para o grupo*): Ele também está dizendo "asma e constrição". Há uma certa correlação neste caso. Poderíamos lidar com as estratégias para obter atenção, mas quero lidar com as crenças subjacentes. Isso fará uma grande diferença.

(*Para Bill*): Você acha que é capaz de fazer o necessário para ter a saúde que deseja?

Bill: Estou tentando. Toda a experiência que venho tendo com a PNL, nos últimos dois anos, me diz que ela não funciona para mim. Já vi dar certo com muitas pessoas. Eu mesmo já a usei com sucesso em outras pessoas — mas nada parece dar certo comigo.

(*Para o grupo*): Eis um bom indicador de crença limitadora. Quando um neurolingüista me pergunta: "Como identificar uma crença?'', sugiro que descubra algo que a pessoa vem tentando mudar há muito tempo sem sucesso. Quando Bill fala do que quer, ele olha para cima e à direita. Quando fala do que o está impedindo, faz este gesto (*empurrando a mão para baixo e à esquerda, para trás do corpo*). Precisamos observar o que ele faz quando diz ''sim'' e quando diz ''não''. Não vamos interpretar ainda, apenas observar.

(*Para Bill*): Embora diga que não acredita que possa mudar, você está aqui. Em algum nível, você ainda acredita que é possível obter a possibilidade que deseja.

Bill: Acho que é possível mudar. Simplesmente, ainda não sei como. É isso que significa o ''não consigo''.

Robert: Quando pensa em si mesmo agora, em comparação com o que deseja ser, o que lhe cria obstáculo?

Bill: O fato de não conseguir resultados nesse trabalho de mudança que estou tentando fazer comigo.

Robert: Então, é apenas o fato de não ter obtido o resultado que queria?

Bill: É uma situação de ''se correr, o bicho pega...''

Robert: Vamos examinar isso mais um pouco. Pense em algumas coisas que já conseguiu. Em algum momento, você achou que poderia obter resultados?

Bill: Fico pensando que vou conseguir, mas não consigo.

Robert: Então você acha que vai conseguir.

Bill: Eu espero. Eu espero conseguir resultados, mas não acho que vá conseguir. É diferente.

Robert: Você está dizendo: ''Espero obter resultados''. Isso é diferente de achar que vai conseguir e é diferente de acreditar que vai conseguir. Você espera que sim, mas...

Bill: Eu não sei.

(*Para o grupo*): Ele disse ''Eu *não* sei''. Ele não disse ''Eu não *sei*''. Temos de levar isso em consideração. Quando queremos atingir um objetivo, não pegamos o primeiro segmento de informação e partimos daí. Estamos procurando um padrão. É isso que faz a PNL — descobrir padrões de comportamento. Uma das coisas que me faz saber que estou diante de um padrão é ter obtido três exemplos de alguma pista não verbal. Quando vejo ou ouço a mesma resposta, começo a perceber que existe um padrão. Se eu comparar a fisiologia de uma pessoa em três vezes que falhou com sua fisiologia em outras três vezes em que foi bem-sucedida e ver e ouvir a mesma coisa, sei que tenho um padrão.

Outra coisa que me indica que existe um padrão é a consistência comportamental ao redor das mesmas categorias de episódios internos. Outra forma de descobrir uma resposta é quando alguém diz: ''Não sei o que está me impedindo'', quando estamos reunindo informações em condições de boa formulação para obter resultados finais.

(*Para Bill*): Quando começou a fazer PNL, você achava que iria funcionar ou achava que não iria funcionar?

Bill: Eu tinha ouvido coisas tão incríveis a respeito da PNL que, logo no início, achei que podia funcionar.

Robert: Vamos voltar à primeira vez. Que experiência o levou a tentar a PNL?

Bill: Dores lombares. Fui ver um especialista em PNL. O trabalho dele fez com que a dor diminuísse durante cerca de uma hora.

Robert: Aí aconteceu alguma coisa e a dor voltou. O que fez a dor recomeçar?

Bill (*baixando o tom de voz, num tom audível*): Não sei o que a fez recomeçar.

Robert: Há pouco você estava olhando para baixo e para a esquerda, o que geralmente significa que está pensando em palavras. Você estava apenas repetindo para si mesmo a pergunta ou...

Bill: Não. Estava consciente da dor nas costas.

Robert: Quando estava sentindo a sua região lombar, seus olhos foram para baixo e à esquerda. Olhe para baixo e à esquerda. O que fez o especialista em PNL?

Bill (*olhando novamente para a esquerda*): Um Gerador de Novos Comportamentos, no qual você se vê com um novo comportamento, depois entra dentro da imagem e a vivencia. Mas não deu certo. Tenho um terrorista interno.

Robert: Você disse que tem um terrorista interno. Quando percebeu isso pela primeira vez?

Bill: Não sei direito quando percebi isso. Sempre foi muito difícil para mim conseguir o que quero.

Robert: Ele está dizendo: ''*Sempre foi difícil conseguir o que quero*''. Eis um exemplo de declaração de crença.

Bill: Sim, e isso teve um terrível efeito sobre minha vida.

Robert: De onde vem essa crença? Quer ter essa crença?

Bill: Não.

Robert: Como a mantém?

Bill (*frustrado*): Porque o que fiz para modificar a crença não funcionou.

Robert: Agora mesmo você estava olhando para a sua esquerda. (*Faz gestos.*) O que estava acontecendo? Dessa vez, seus olhos movimentaram-se para cima. (*Gesticula para cima e à esquerda de Bill.*)

Bill: Eu estava começando a ficar com muita raiva.

Robert: De quê? Olhe novamente para lá.

Bill: Fico com raiva porque minha vida tem sido tão difícil.

Robert: O que vê na sua mente?

Bill: Vários exemplos do quanto minha vida tem sido difícil.

Robert: Esses exemplos começam quando?

Bill: Na puberdade.

Robert: Fique um pouco nessa situação. Você disse que começou a sentir raiva.

Bill: Sim... raiva e frustração.

Robert: Raiva de sua vida. Ao ver esses exemplos, você fica com raiva.

Bill: Não. Fico frustrado com a minha vida, e isso me faz ficar com raiva.

Robert: Primeiro você falou em frustração, depois em raiva. Normalmente a frustração ocorre quando sabemos qual o objetivo a ser atingido, mas não sabemos como atingi-lo. Portanto, houve coisas que quis fazer, mas não conseguiu. (*Bill concorda com a cabeça.*) Você está frustrado consigo mesmo ou com o mundo em geral?

Bill: Em primeiro lugar, comigo.

Robert: Em primeiro lugar, com você. Quero que pense naquela imagem de novo e entre em contato com essa sensação de frustração...

(*Para o grupo*): Observem. Aqui temos uma pessoa que precisa ter uma crença que o faça ir em frente e recuperar a saúde. Fazer tudo que é preciso para melhorar sua saúde pode ser difícil, às vezes árduo e às vezes complexo. O que Bill está dizendo é que teve muitos exemplos de fracasso quando tentou obter o que queria. Assim que tenta mudar, fica frustrado. Todas as lembranças e comportamentos anteriores lhe vêm à mente e interferem na sua tentativa de obter o que quer. Lembrem que, para atingir qualquer objetivo, três coisas são necessárias. É preciso querer conseguir, saber como conseguir e se dar a *chance* de conseguir. Se a pessoa acha que é difícil conseguir o que quer, dificilmente se dará a chance de consegui-lo — passar por tudo o que é preciso e manter-se firme até obter o que deseja. Às vezes, manter-se firme é a única coisa a fazer, mesmo diante de uma frustração.

(*Para Bill*): Vamos começar com a frustração e a raiva, já que essas emoções parecem ter sido as primeiras a surgir. Você disse que elas começaram na puberdade. Pense um pouco em como tudo tem sido tão frustrante. (*Ancora a sensação.*) Volte no tempo, levando consigo essa sensação — talvez ouça algo sendo dito. (*Longa pausa, enquanto Bill se lembra.*) O que está vendo?

Bill: Prefiro não revelar o conteúdo.

Robert: Está bem. Há outra pessoa na cena?

Bill: Há.

Robert: Apenas uma pessoa?

Bill: Apenas uma.

Robert: E ela está olhando diretamente para você?

Bill: Não. Eu vejo a mim e a ela.

Robert: Entre direto nesse "você" por um instante. Que generalizações está fazendo sobre o que está acontecendo?

Bill: Que eu sou mau. (*Longa pausa*.) Que não consigo obter o que quero. Que não mereço o que quero.

Robert: Que você não merece o que quer.

Bill: E também que, se eu conseguir o que quero, terei muitos problemas. (*Sua voz treme, lágrimas escorrem e ele funga*.)

Robert: Você tem algum tipo de crença sobre a outra pessoa ou o mundo que o rodeia?

Bill: O mundo que me rodeia me perseguiria se soubesse o que desejo. Tem a ver com obter aceitação cultural e outras coisas do estilo.

Robert: Tem a ver com aceitação cultural — qual a intenção? Qual a intenção por trás do pensamento de que o mundo passará a persegui-lo, se souber o que você quer?

Bill: Não sei. (*Sua voz está trêmula e emotiva*.)

Robert (*para o grupo*): Eu estava tentando verificar se há outros tipos de generalizações ou crenças sobre a intenção.

(*Para Bill, mudando o tom de voz*): Agora, chegou o momento de sair dessa situação. Volte aqui para a sala. Robert está aqui (*gesticula para si mesmo*) e Bill está ali (*gesticula para Bill — risos*).

Bom, agora veja o que quero que você faça. Volte àquela experiência que teve durante a puberdade. Afaste-a para que ela fique completamente separada — você não está mais ligado a ela. (*Gesticula para o espaço diante de Bill*.) Isso mesmo... agora observe aquele menino e a outra pessoa com quem ele está, naquele ponto, longe de você, enquanto continua confortavelmente sentado aqui.

Bill (*depois de uma longa pausa*): Posso ver. (*Tom de voz monocórdico, que indica que a pessoa está vendo a si mesma*.)

Robert: De que forma essa experiência o afetou desde aquele momento?

Bill: Senti-me muito culpado. (*Olha para cima e para a esquerda*.)

Robert: Então você vê que isso lhe causou muita culpa. Que crença formou a esse respeito?

Bill: Que o que desejo é errado — e ruim.

Robert (*para o grupo*): Isso é um pouco diferente do que ele disse anteriormente. Antes ele disse: "Não posso obter o que quero. Não mereço obter o que quero e, se conseguir o que quero, serei punido pelo mundo. Se o mundo souber o que quero, vai me punir". E agora ele está dizendo: "O que quero é ruim". Esta é uma crença subjacente. É um belo conjunto de crenças que explica por que ele pode ter tido problemas em obter o que deseja.

Queria também demonstrar uma coisa. As crenças tendem a se realizar. Quando tentamos argumentar contra uma crença no presente, a pessoa passa a confrontar todos os dados reunidos ao longo do tempo que apóiam ou "provam" sua crença inicial. Quando voltamos ao ponto onde ela começou, em geral as questões são muito mais simples e claras. Não estão embaralhadas em decorrência de confirmações posteriores. Não me preocupa tanto o que aconteceu a Bill na puberdade, mas sim como isso afetou o seu sistema de crenças. É sobretudo na puberdade que criamos crenças a respeito de nós mesmos, de nossa identidade e sexualidade.

Lembrem-se de que pedi a Bill que verificasse se havia outras crenças ou qualquer outro meio pelo qual essa experiência o tivesse afetado. Tive motivo para tal. Primeiro, pedi que entrasse dentro da impressão e a vivenciasse mais uma vez, para que pudéssemos observar sua fisiologia. Perguntei: "Que tipos de crença você está criando?", para poder identificar um padrão no seu tom de voz. Às vezes, quando pedimos que a pessoa expresse a sua crença, ela vai verbalizá-la pela primeira vez. Com isso, estamos começando a envolver o cérebro no processo, o que pode nos ajudar a encontrar uma solução.

Quando peço que a pessoa olhe novamente para a experiência de referência, é porque a experiência pode ter sido confusa ou, ao contrário, positiva no momento em que ocorreu. Vamos tomar um exemplo de confusão. Quando uma pessoa sofreu abuso sexual por parte de um dos pais, em geral era criança e não sabia o que pensar sobre a situação. Talvez não tenha formado uma crença naquele momento — estava apenas fazendo o que papai ou mamãe, ou titio, lhe pediam. Só mais tarde a pessoa cria uma crença do tipo "Isso acabou com a minha vida". A questão é que as crenças podem ser construídas durante a experiência que causou a impressão ou depois dela.

(*Para Bill*): Houve outra pessoa importante incluída.

Bill: E houve mais de uma experiência específica. Houve uma série de experiências num determinado período de tempo (*gesticulando para a esquerda*).

Robert (*repetindo o gesto*): Um determinado período de tempo. Bom, queremos saber quando foi. Bill, o que vou fazer agora é um processo chamado reimpressão.

(*Para o grupo*): Vamos rever o que fiz até agora. Havia em Bill uma certa frustração associada à crença de que poderia mudar, e nós a levamos conosco na nossa volta no tempo. Não nos preocupamos com o conteúdo da experiência. Estávamos preocupados com as generalizações — as crenças — que se formaram então.

As impressões podem ser experiências únicas ou uma série de experiências que se repetem. Portanto, a pessoa acredita que isso é a realidade. Quero fazer uma pergunta a Bill sobre o seu conjunto de experiências.

(*Para Bill*): A crença de que você estava errado surgiu apenas das suas experiências e do que sentiu que estava acontecendo? Ou foi formada por conceitos transmitidos pela pessoa que era importante para você?

Bill: Conceitos transmitidos pela outra pessoa e por mim mesmo, depois de um certo tempo.

Robert: E também por você, depois de um certo tempo. Uma das coisas que descobrimos com relação às impressões é que as crenças das pessoas importantes para nós são tão importantes na criação das nossas crenças quanto a nossa própria experiência. Quando estamos na puberdade, não é difícil rejeitar temporariamente o ponto de vista da outra pessoa. Mas, quando ficarmos mais velhos, e adquirimos um sistema de crença de adultos, às vezes as crenças das outras pessoas começam a ter mais força.

Gostaria que você revisse o filme da sua experiência durante a puberdade e observasse a si mesmo e à outra pessoa. Bill, tenho a impressão de que, quando fala de um terrorista inconsciente interno, você está se referindo ao fato de que seu cérebro fica repassando sem cessar algum aspecto do comportamento da outra pessoa. Mas, desta vez, você vai vivenciar isso como você mesmo, e não como a outra pessoa. Fico imaginando de que recursos a outra pessoa precisava . Acho que essa outra pessoa está participando do conceito que você tem sobre si mesmo.

Bill: A outra pessoa está *onde aprendi* os conceitos que tenho sobre mim mesmo.

Robert: Esta pessoa está tentando incutir em você a crença de que você não merece o que quer? Esta é a intenção?

Bill: Não. Ele está tentando incutir em mim outras crenças. Está tentando me fazer acreditar que um certo tipo de comportamento é ruim. Todas as minhas outras crenças decorrem dessa primeira.

Robert: Qual a intenção dessa pessoa? Sua intenção é acabar com você?

Bill: Não. É cuidar de mim.

Robert: Cuidar de você. Se ele soubesse o que está acontecendo com você, acha que ficaria satisfeito?

Bill: Não, ele não ia querer que eu me sentisse mal a meu respeito.

Robert: O que você precisaria dar a essa pessoa para que ela reagisse de maneira diferente?

Bill (*depois de pensar*): Maior capacidade de aceitação.

Robert: Ele precisa se dar conta de que pessoas diferentes têm modelos diferentes do mundo. A idéia é aceitar melhor os outros. Bill, alguma vez você já teve esse sentimento de que estamos falando — maior capacidade de aceitação? Para com alguma pessoa ou alguma coisa?

Bill: Já.

Robert (para o grupo): Estou perguntando a Bill se ele já teve algum dia o recurso de que essa pessoa precisava.

(*Para Bill*): Quero que lembre com detalhes um momento em que você vivenciou plenamente essa sensação de aceitação. Pense em algo específico.

Bill (*faz uma longa pausa... acena*): Estou vivenciando um sentimento de aceitação específico.

Robert (*ancorando o estado de recursos*): Pegue essa sensação e passe-a à outra pessoa. Essa pessoa está do lado direito do seu cérebro agora — aquela imagem, a lembrança, está vindo do seu cérebro. Pegue essa sensação (*pressiona a âncora*) e entregue-a a ele. De que maneira ele passa a agir?

Bill: Ele continua gostando de mim, não importa o que eu faça.

Robert: Como ele está quando diz isso? De que maneira o diz? De que forma o menininho está reagindo?

Bill: Ele se sente muito bem.

Robert: Que crenças ele cria a partir daí?

Bill: Que está tudo certo comigo. Que não preciso me sentir culpado por ter desejos. Que é correto ser como eu sou.

Robert (*com firmeza*): "Que é correto ser como eu sou". Sinta novamente essa sensação no decorrer daquele período. Se essa sensação estivesse lá o tempo todo... que rumo teria tomado a sua vida? Não precisa dizer nada em voz alta. Apenas pense nisso e permita ao seu inconsciente rever cada experiência a partir dessa crença e desta sensação. (*Pressiona a âncora.*) Sabemos que a pessoa não teve esse recurso da aceitação naquele momento, embora seja um recurso de que você dispõe. Você pode se tratar daquela maneira. Você pode atualizar aquele modelo. Agora, com esse novo recurso, você sabe que não precisará se sentir frustrado o tempo todo.

Bill, há uma pessoa mais jovem naquela experiência que também precisa de recursos que não tinha naquele momento. Olhando para ela agora, acha que ela está tendo o sentimento que você gostaria que tivesse a partir daquela experiência? Observe todas aquelas crenças — não mereço isso, sou uma pessoa má etc. Não creio que essas sejam as crenças que você desejaria criar a partir daquela experiência. Do que aquele menino que você era precisaria? Que recursos você possui agora que lhe permitiriam ter um conjunto diferente de crenças na puberdade? Olhando para aquela experiência, que tipo de crenças você preferiria ter construído?

Bill: A crença de que posso me aceitar, independentemente do que os outros acham.

Robert: Tudo bem. Então você pode se aceitar, apesar do que dizem as outras pessoas. Acho que se você soubesse que o julgamento emitido por outras pessoas refletem o modelo que elas têm do mundo, e não o seu modelo do mundo, a experiência teria significado outra coisa. Ao olhar para trás, para o ponto de vista daquela pessoa, acha que ela tinha razão? Aliás, ela nem estava conseguindo o que queria. Ela também não queria que você tivesse crenças limitadoras. Ela se comportava daquela maneira por causa de seu próprio sistema de crenças. É útil reconhecer que as outras pessoas têm seus próprios modelos e seus modelos não têm um impacto sobre você.

Bill: A outra pessoa tinha boas intenções, mas estava errada.

Robert: Não acredite que você soubesse disso quando era criança e estava tendo aquela experiência.

Bill: Eu não sabia. Eu achava que ele tinha razão.

Robert: Você achava que ele tinha razão. Faz mais sentido dizer: "Ele tem boas intenções, mas está errado". Você sabe disso agora. Você disse que queria se sentir bem apesar do que os outros dissessem. Já teve alguma experiência nesse sentido, desde então? Mesmo que fugidia.

Bill: Claro.

Robert: Pense numa ocasião em que sabia que estava certo, em que você se sentia bem, apesar do que os outros dissessem.

Bill: Eu menti. Não me lembro de nenhum momento.

Robert: Qual a sensação mais próxima que teve? Uma das coisas boas a respeito da ancoragem e das submodalidades é que podemos criar os recursos de que precisamos.

(*Bill lembra de uma ocasião.*)

Robert (*ancorando Bill, enquanto sua fisiologia muda*): O que estava acontecendo?

Bill: Alguém estava zangado comigo, sendo grosseiro, enquanto falávamos ao telefone, mas eu sabia que o que ele dizia não correspondia à realidade.

Robert: Como sabia? O que lhe deu essa certeza interiormente? (*Aperta a âncora.*)

Bill: Uma sensação que eu tive, bem aqui. (*Aponta para a região do coração.*)

Robert (*tocando na âncora*): Pode aumentar essa sensação? É bom sentir isso. Se criasse uma imagem dela, como seria? Que sons teria?

Bill: Seria uma luz circular.

Robert: Que tal aumentar a luminosidade dessa imagem?

Bill: Sinto-me melhor.

Robert: E se aumentasse a imagem para que ela o envolvesse?

Bill: Eu estou começando a sorrir.

Robert: Claro... Agora, quero que pegue essa luz (*aperta a âncora*) e ilumine a sua vida com ela. Ilumine a si mesmo quando pequeno. (*A cadência da voz de Robert acompanha o ritmo de respiração de Bill.*) Faça com que a luz parta daquele ponto do seu corpo (*onde Bill tocou no coração*) em direção ao mesmo ponto do corpo dele... para que mesmo enquanto a outra pessoa diga o que disse, o Bill mais jovem continue em contato com essa luz e ela possa ficar cada vez maior e mais brilhante dentro dele... Fico imaginando de que maneira ele reagiria àquela pessoa. Será que teria falado de outra maneira? Teria o Bill mais jovem dito: "Acho que suas intenções são boas, mas o que diz nada tem a ver com a realidade".

Bill: Não. O eu mais jovem teria deixado a pessoa dizer o que quisesse, sem ficar abalado.

Robert: De que maneira isso teria afetado a outra pessoa?

Bill: Ele não estava prestando atenção ao que estava acontecendo comigo. Não sei se ele teria se sentido afetado ou não.

Robert: Talvez você quisesse receber atenção dele.

Bill: Com certeza.

Robert: Se na época você tivesse isso (*aperta a âncora*), acha que teria conseguido a atenção que queria, ou teria precisado de mais alguma coisa?

Bill: Era muito difícil conseguir que ele me desse atenção de maneira positiva.

Robert: Neste caso, vou pedir-lhe que faça o seguinte. Parece que você precisa de mais recursos, tanto em termos da experiência que causou a impressão como em termos do que está acontecendo com a sua doença. Você disse antes que só conseguia atenção quando estava doente. Será que houve algum momento, desde aquela experiência, em que sentiu que estava obtendo atenção de outra pessoa?

Bill: Houve, sim.

Robert: Quais são esses recursos? Pense numa ocasião específica.

Bill: Quando estou à vontade e sendo eu mesmo. É uma sensação de estar à vontade com as pessoas. (*A fisiologia de Bill muda para um estado de "ficar à vontade". Robert ancora o recurso no ombro de Bill.*)

Robert: Vamos pegar esse também (*toca a âncora de recurso que está localizada na parte superior do braço de Bill*) e levar ambos ao Bill mais jovem... É um pouco diferente, não acha?

Bill: Bem, isso faz com que seja um desafio chamar a atenção dele.

Robert: E o que ele faz? (*Bill sorri.*) Vamos pegar esses dois recursos (*aperta ambas as âncoras*) e fazer com que a luz ilumine todas as suas experiências passadas. Leve este recurso (*aperta a âncora*) de aceitação também. Certifique-se de que esses recursos são adequados a todas aquelas experiências. Deixe que a luz se irradie num feixe, ligando entre si todas as experiências... (*A voz de Robert adquiriu uma cadência e um tom hipnóticos.*) Agora, você pode relaxar e se sentir seguro, calmo e confortável consigo mesmo. Faça com que seja um desafio agradável conseguir o que deseja.

Bill: Isso mesmo!

Robert: Temos outra coisa importante a fazer. Você fez essa revisão estando dissociado, isto é, vendo a si mesmo. Quero que volte atrás e entre na experiência. Lembre-se de que deu os recursos necessários para aquela pessoa. Agora, quero que se coloque por trás dos olhos dela. Você vai ser ela, naquelas situações, com este recurso (*aperta a âncora, enquanto Bill fecha os olhos*). Diga o que diria e veja o que veria com os olhos dele. Veja diante de você o menino que está construindo um modelo do mundo, sabendo que pode realmente prestar atenção nele e lhe dar o apoio de que ele precisa para ser aceito e aceitar os outros. E quando tiver terminado, volte ao presente. Leve o tempo que for necessário.

(*Bill suspira, abre os olhos e olha para Robert.*)

Robert: Havia o menino que precisava saber, no seu íntimo, que era uma pessoa boa, que podia relaxar, ter confiança e obter a atenção de que precisava. Você viu como seria diferente se ele tivesse o recurso associado à luz e também à habilidade de obter atenção.

Entre na experiência, seja ele e leve esses recursos (*aperta as três âncoras de recursos*) com você, vendo através dos seus olhos. Faça com que ele olhe para a outra pessoa, que agora possui os recursos de que necessita... e reveja todas as situações. Cresça com ele até chegar à pessoa que você é agora. Leve com você essas novas crenças, essa nova compreensão, e espalhe-as por todas aquelas experiências que no passado foram apenas uma indicação de fracasso. Agora, elas são a prova da nova crença. (*A cadência da voz de Robert segue o ritmo da respiração de Bill.*)

Bill: Há um buraco aqui (*faz um gesto no ar, perto da orelha esquerda*). As afirmações de que "você não presta" desapareceram, mas há uma sensação de "vazio".

Robert: O que gostaria de colocar nesse vazio?

Bill: Bem... que sou uma pessoa amorosa, delicada, como sou de verdade, e que isso é muito bom. Se outras pessoas quiserem fazer julgamentos a meu respeito, problema delas.

Robert: Coloque isso aí. Quero que você ouça isso. Preencha esse vazio com sons, de forma que eles ressoem e reverberem de todos os lados. Diga isso de todas as formas que puder, com todos os sentimentos que possuir. Se estiver frustrado, alegre, chateado ou qualquer outra coisa, você sabe que é um homem amoroso e delicado e que isso é muito bom. Se outras pessoas acharem que devem julgá-lo, o problema é delas. Você sempre terá a possibilidade de obter atenção positiva das pessoas. Diga isso em alta voz, faça com que o som preencha o vazio. E agora, o que era mesmo que desejava quando se sentou aqui? Alguma coisa a respeito de ser saudável. A imagem mudou?

Bill: Pareço mais cheio, mais sólido, nessa imagem.

Robert: Acha que merece ser assim?

Bill (*com congruência*): Mereço.

Robert: Vai se cuidar da forma como conversamos?

Bill: Sem dúvida.

Nota do editor: No início do trabalho, a pele de Bill estava pálida e acinzentada e sua postura era desleixada. No final do processo de reimpressão, sua pele havia adquirido um brilho mais saudável e ele estava sentado de maneira mais ereta.

Perguntas

Mulher: Você fez com que Bill observasse toda a lembrança, vendo a si mesmo e à outra pessoa importante. Depois, disse que entrasse dentro de si mesmo e da outra pessoa e se comportasse com mais recursos. Pode resumir o processo?

Robert: Você acaba de descrever em essência a reimpressão. Quando descobrimos a experiência que causou a impressão, devemos dar recursos tanto à pessoa com quem se está trabalhando como às pessoas importantes que estavam presentes no momento da experiência que provocou a impressão. Lembre-se de que não estamos modificando a outra pessoa, mas é o cliente que está mudando o seu ponto de vista — a crença que ele levou consigo como resultado da experiência que causou a impressão. Quando temos diversos pontos de vista de uma mesma situação, mesmo sem acrescentar recursos, a experiência já se modifica.

Experimentem isso — pensem em uma experiência desagradável com outra pessoa, talvez uma briga ou uma situação em que a pessoa disse algo ofensivo. Lembrem-se dessa experiência como se estivesse acontecendo neste momento... agora dissociem-se e olhem a situação a distância, vendo a si mesmos e à outra pessoa. Observem a outra pessoa e prestem atenção à sua postura, a seu tom de voz, à maneira como ela se mexe e gesticula, e levem em consideração qualquer coisa que conheçam sobre a experiência *dela*, tanto agora como no passado... Agora, entrem na pele daquela pessoa, adotando o quanto possível a sua fisiologia. Sintam novamente o incidente a partir do ponto de vista da outra pessoa... Depois de rever o incidente inteiramente do ponto de vista da outra pessoa, saiam do corpo dela e voltem a olhar a situação de fora, vendo a si mesmos... e à outra pessoa. Agora, voltem para dentro de si mesmos, como se tudo estivesse acontecendo de novo. Observem como a experiência muda.

Ter mais informações a partir de várias perspectivas cria uma mudança de ponto de vista. É um conjunto de ações poderoso. Ter vários pontos de vista é a base da sabedoria para se tomar decisões, resolver conflitos, fazer negociações e limpar a história pessoal.

Homem: Você daria recursos a criminosos, como estupradores ou pessoas que abusam sexualmente de crianças, por exemplo, como deu à outra pessoa importante, no caso de Bill?

Robert: Uma das razões de uma reimpressão é fazer com que o cliente se dê conta de que recursos as pessoas, incluindo as que abusam sexualmente de crianças e os estupradores, precisam para lidar com a situação ou evitá-la. Com freqüência, quando uma pessoa foi vítima de um crime, como o estupro ou qualquer outra forma de violência, não querer dar ao "filho da mãe" que a machucou recursos, porque isso faria com que o comportamento do criminoso parecesse aceitável. A pessoa está muito zangada e tem razão de estar. É como se estivesse perdoando o criminoso ou desculpando seu comportamento, e não querem fazer isso.

Na verdade, o objetivo de dar ao criminoso recursos não é aceitar seu comportamento ou fazer com que a lembrança desvaneça. Ao contrário, é importante que a vítima entenda de que recursos a outra pessoa teria precisado para ter se comportado de maneira diferente. Em geral, quando alguém foi vítima de um crime, sua crença limitadora se mantém através da raiva ou do medo. Dar recursos ao criminoso é uma maneira de se ajudar a vencer o problema. Não há como fazer com que o crime pareça algo aceitável.

Na maioria das vezes, é bom dar ao criminoso os recursos de que ele precisa *antes* do incidente que causou a impressão. Vou dar um exemplo.

Trabalhei com uma moça cuja mãe enlouqueceu e quis jogá-la de uma janela do quinto andar. Ela estava tão furiosa que ia matar a filha, deixando-a cair. Perguntar a essa moça de que recursos sua mãe precisava enquanto a segurava pela janela era absurdo. Em vez disso, pedi a ela que passasse o filme de frente para trás — até o momento anterior ao incidente — e ali instalei os recursos. Com os recursos adequados, a mãe jamais teria "perdido a cabeça" e ameaçado a filha daquela maneira. É como trabalhar com uma fobia. Queremos que a pessoa comece a pensar na situação que causou a fobia antes que ocorra o incidente, quando ainda se sente segura. A pessoa pensa na situação de forma dissociada e vê a si mesma, mais jovem, passar pelo incidente, até se sentir segura de novo.

Pode-se pensar na fobia como uma forma específica de impressão. Ao se trabalhar com uma fobia, é bom colocar o medo entre dois períodos de segurança.[2] Façam disso um princípio geral quando trabalharem com qualquer impressão traumática. Partam do estado de recursos (ou pelo menos de um estado neutro), passando pelo trauma e indo em direção ao estado de recursos. Isso ajuda a isolar o incidente e lhe dá um "final".

Homem: Algumas impressões são muito traumáticas. Será que deixar o cliente dissociado, como ocorre no método rápido de fobia, faz com que o trabalho fique incompleto?

Robert: Em geral, o método rápido de cura de fobia basta. Lembrem-se de que a pessoa se reassocia na última etapa do procedimento, quando vivencia o trauma de trás para a frente. Entretanto, às vezes há uma impressão que precisa ser levada em consideração. Freud achava que a fobia era um exemplo de ansiedade deslocada. A pessoa na verdade tinha um medo, ou qualquer outra emoção, que era direcionado para a pessoa importante. Para eliminar a fobia, era necessário, antes de mais nada, que o "medo" real da pessoa fosse descoberto e eliminado. Claro que o problema é que a pessoa tinha de sofrer muito antes de os problemas de relacionamento serem resolvidos. Na PNL, podemos lidar com os sentimentos imediatamente, sem que as pessoas tenham de sentir medo e pânico. Às vezes, resta algum problema de relacionamento ou outra impressão que precisam ser resolvidos.

Em muitas das impressões traumáticas de que tratei e que resultaram em fobias, outra pessoa estava envolvida. Lembro-me de ter trabalhado com uma senhora que tinha medo de mariposas. Era capaz de segurar uma aranha venenosa sem sentir nada, mas entrava em pânico quando via uma pequena mariposa voando. O incidente que originou a fobia havia ocorrido quando ela era criança e um amiguinho correu atrás dela segurando uma garrafa que continha uma mariposa. Ela sentiu-se humilhada na frente dos amigos, mas, em vez de dirigir sua raiva e seu medo contra o amiguinho, ligou o medo à mariposa. Fiz a cura rápida de fobia com ela e eliminei o medo, mas isso não foi suficiente para resolver todas as questões ligadas àquela situação.

É possível encontrar outros tipos de fobia que exigem mais do que apenas eliminar a sensação de pânico. Esses outros tipos de fobia podem surgir quando crianças são deixadas sozinhas em casa pelos pais e algo de ruim acontece. Uma senhora com quem trabalhei tinha medo de água porque certa vez quase morreu afogada. E quase morrera afogada porque tentara fugir da mãe, que queria lhe dar uma surra. Sem dúvida, a técnica da fobia acabou com o medo que ela tinha da água, mas havia outros problemas que deviam ser resolvidos.

Mulher: Quando você reimprime um trauma do passado ou resolve uma estrutura de identidade conflituosa, como sabe se a pessoa possui as estratégias adequadas para continuar a mudança de maneira positiva? Como sabe se a pessoa tem maneiras de obter o que deseja?

Robert: Vou contar uma história para responder à sua pergunta. David Gordon (autor e especialista em PNL) e eu trabalhamos certa vez com uma senhora que tinha uma compulsão de lavar as mãos. Ela achava que o que chamava de "imaginárias moscas de verdade" a atacariam. Eram moscas "de verdade" no sentido de que ela podia "senti-las" quando a atacavam, mas eram "imaginárias" no sentido de que ninguém mais as via. Há quinze anos ela lutava contra essas moscas, e sua vida foi baseada nessa luta.

De certa maneira, as moscas dirigiam sua vida. Ela tinha setenta e dois pares de luvas, que usava em diferentes situações. Tinha de evitar algumas pessoas, para não ser atacada pelas moscas que as acompanhavam. Seus pais estavam particularmente infectados, portanto, mesmo "amando-os profundamente", ela tinha de limitar seu contato com eles. Como as moscas eram imaginárias, podiam fazer coisas que moscas de verdade não fazem, como por exemplo chegar até ela pelo telefone. Portanto, ela não podia falar muito tempo com os pais pelo telefone.

Quando trabalhei com ela, sugeri que tratássemos sua alergia "imaginária de verdade", as moscas "imaginárias de verdade". Disse-lhe que se tratava de uma reação alérgica, porque, mesmo que as moscas estivessem ao redor de outras pessoas, essas não seriam afetadas da forma que ela seria. Era como se fosse alérgica a moscas, como outras pessoas ao pólen das flores. Isso fez com que ela parasse de pensar nas moscas. Ela não possuía uma crença automática a respeito de uma alergia "imaginária de verdade", então dei-lhe algumas pílulas de açúcar e acompanhei com cuidado seu processo mental, dizendo-lhe que aquelas pílulas "imaginárias de verdade" iriam curar sua alergia.

Ela voltou na semana seguinte e estava muito assustada, porque as pílulas tinham funcionado. Ela não sabia mais que tipo de roupa comprar, pois sempre as tinha comprado num tamanho dois pontos maior que o seu. Assim, as mangas poderiam cobrir suas mãos e protegê-la das moscas. Não sabia mais como tratar os pais, cozinhar ou fazer as coisas que fazia diariamente, pois sua preocupação com as moscas não existia mais como princípio organizador da sua vida.

Ela precisava de estratégias para todo o tipo de coisas. Trabalhamos com ela no sentido de criar uma nova estratégia de decisão e fizemos com que modelasse outras pessoas, para aprender novos comportamentos. O âmago da questão é que, depois de ajudar alguém a modificar uma crença limitadora, em geral seus antigos comportamentos não servem mais e é necessário oferecer-lhe novas estratégias.

Uma das mais surpreendentes objeções ecológicas que encontrarão nas pessoas é bastante interessante. Em certo ponto do trabalho, elas dizem: "Se eu fizer o que está me pedindo, vou mudar de verdade!". Elas se recusam a transportar uma imagem interna, a completar um *squash* visual ou a fazer qualquer outra coisa que lhes seja pedida porque não têm certeza de estarem prontas para mudar sua identidade.

Mulher: Até que ponto é importante que a pessoa ache que a impressão é uma experiência verdadeira e não imaginária?

Robert: Certa vez fui procurado por uma mulher que tinha entrado para uma ordem religiosa que pregava a meditação e o celibato. Ela se queixava de que, ao tentar meditar, via a imagem mental de um grande pênis e não conseguia parar de pensar nela. Isso a preocupava muito. Todos diziam que ela era uma santa, mas ela achava que era muito má.

Esse tipo de experiência é tipicamente uma mensagem do inconsciente. Sugeri que descobríssemos o que ela significava. Com certeza havia uma impressão de algo ruim que havia acontecido quando ela era muito jovem. Ela não sabia o que era e tinha medo, por isso evitava pensar. Sugeri que ela pegasse a imagem obscura e a empurrasse para longe, contra a parede, reduzindo-a ao tamanho de um selo. Era uma distância suficiente para fazê-la sentir-se dissociada. Ela começou a olhar a imagem e viu que havia um casal envolvido em algo sexual — ela não sabia do que se tratava. Quando aproximou a imagem, surgiu a questão.

Ela achava que tinha sido molestada pelo pai quando era pequena, mas não tinha certeza. Não conseguia lembrar-se do que acontecera e sentia-se confusa. Podia ter sido uma história que a mãe (de forma convincente) lhe contara sobre seu avô. Ela havia assumido os sentimentos como se tivesse acontecido com ela. Pouco importava se tinha acontecido com ela ou com sua mãe, pois era verdadeira na sua experiência.

Ela nunca confrontara o problema. Era apenas algo grande, escuro e ruim. Ela inventou uma porção de hipóteses do que poderia ter acontecido. Finalmente, disse-lhe que isso pouco importava. O importante era que ela precisava de um recurso de que não dispunha no momento. Fiz com que revisse cada uma das possibilidades, fingindo que eram "verdadeiras" e encontrasse uma solução para cada uma delas. Durante vinte e cinco anos, essa mulher construíra sua vida em torno de uma experiência que nem sabia se era verdadeira ou não. É por isso que, de certa maneira, o que aconteceu "de verdade" não tem tanta importância.

Homem: Depois da reimpressão, como saber o que realmente aconteceu?

Robert: Acontece que estamos dando à pessoa a oportunidade de atualizar o que está dentro da sua cabeça. Não estamos tentando confundi-la a respeito da realidade. Estamos permitindo que revivencie as mesmas coisas sem as marcas e o impacto negativo. Quando se ganha novas crenças e novos recursos, a impressão passa a significar algo completamente diferente.

Não queremos apagar o que realmente aconteceu, porque o conteúdo da impressão não faz a mínima diferença. O importante é o que se *aprendeu* com a experiência e o fato de saber que se tem agora os recursos necessários.

Resumo do processo de reimpressão

I. Identifique as sensações específicas (podem ser palavras ou uma imagem) associadas ao impasse (ancore-as). A maioria das pessoas quer evitar essas sensações porque se sentem desconfortáveis. Mas é importante lembrar que evitar essas sensações não vai resolver a limitação. Faça com que a pessoa mantenha a sensação (segurando a âncora) e se lembre da mais remota experiência associada ao impasse.

A. Enquanto a pessoa ainda estiver no estado associado, de regressão, faça com que ela verbalize as generalizações ou crenças que se formaram a partir da experiência.

II. Dissocie a pessoa da experiência. Faça com que ela veja a experiência como se estivesse assistindo a um filme sobre si mesma.

B. Peça à pessoa que verbalize quaisquer outras generalizações ou crenças que se formaram a partir da experiência que causou a impressão. (As crenças em geral formam-se "depois do incidente".)

III. Descubra a intenção positiva ou ganho secundário da sensação de impasse. Se houver outras pessoas importantes envolvidas na lembrança, descubra a intenção positiva do seu comportamento. Isso pode ser feito perguntando diretamente à pessoa que está na imagem.

IV. Identifique e ancore os recursos ou escolhas de que a pessoa e as outras pessoas importantes precisavam, individualmente, e não possuíam na época, mas que a pessoa *possui atualmente*. É bom lembrar que não é necessário limitar-se às capacidades que a pessoa ou as pessoas importantes tinham na época. Já que a pessoa (não as outras pessoas importantes) tem os recursos agora, é possível usar esses recursos para modificar a experiência.

V. Faça cada uma das pessoas importantes da experiência que causou a impressão rever o filme interno, observando como a experiência teria sido diferente se elas tivessem os recursos necessários. Faça isso para cada recurso, certificando-se de que os recursos identificados sejam suficientes para modificar a experiência. Se não for o caso, volte às etapas III e IV e identifique outras intenções ou recursos positivos que não tenham sido levados em consideração.

A. Depois de adicionar os recursos, peça à pessoa que verbalize outras generalizações ou crenças que resultariam do acréscimo desses novos recursos.

VI. Utilizando as âncoras de recursos da etapa IV, faça com que a pessoa *reviva a experiência que causou a impressão* do ponto de vista de cada uma das pessoas importantes envolvidas (uma de cada vez). Faça que ela entre na pele da outra pessoa e veja a experiência daquele ponto de vista. Peça que a pessoa entre na sua própria pele, mais jovem, e vivencie a situação estando associada ao seu eu mais jovem. Reveja a nova experiência tantas vezes quantas forem necessárias, até que ela seja tão forte quanto a experiência original que causou a impressão.

A. Peça à pessoa que atualize ou modifique as generalizações que faria agora a partir da nova experiência.

VII. Segurando as âncoras de recursos usadas no processo, peça à pessoa que viaje no tempo, partindo do ponto da impressão original, até o presente. Sugira que, ao fazer essa viagem no tempo, a pessoa pense em outras ocasiões em que esses recursos agora disponíveis teriam sido úteis para modificar também essas outras experiências.

Notas

1. Carl Simonton e Stephanie Matthews-Simonton, *Com a vida de novo* (publicado no Brasil pela Summus Editorial). No Centro Simonton de Aconselhamento sobre o Câncer, os pacientes praticam um tipo de meditação, chamada visualização, além dos tratamentos tradicionais contra o câncer. Durante o tratamento, visualizam-se as células cancerosas sendo atacadas e expulsas do corpo. Os come-come são figuras de um jogo de computador.

2. A técnica de fobia da PNL está descrita no livro *Usando a sua mente — as coisas que você não sabe que não sabe*, de Richard Bandler, publicado no Brasil pela Summus Editorial.

5

Incongruência e crenças conflitantes

Todos nós já nos sentimos divididos em relação a alguma coisa. Muitos de nós já nos vimos diante da seguinte situação: decidimos que vamos acordar cedo para fazer ginástica, mas, quando o despertador toca, sentimos o quanto a cama está confortável e resolvemos dormir mais um pouco. Daí, passamos o resto o dia com uma vozinha interior a nos dizer o quanto somos desleixados. Outras vezes, aceitamos fazer um favor para um amigo, quando na verdade queríamos fazer algo por nós mesmos. Eis aí alguns exemplos de incongruência.

Em geral, as incongruências são vivenciadas como um conflito interno. Parece que existem dois lados dentro de nós. É como se tivéssemos dois ''eus''. Um lado nosso quer fazer algo e outro se opõe. Essa contradição pode ocorrer entre dois comportamentos, dois sistemas de crença ou mesmo dois aspectos da nossa identidade.

Às vezes, enquanto lutamos com conflitos de crença e identidade, um lado nosso nem percebe que existe um outro lado. O resultado é uma confusão sobre quem somos. Lembro-me de uma mulher que não entendia por que seu marido vivia dizendo que ela era crítica. Ela não se achava crítica e há seis meses vinha repetindo o quanto era delicada e dedicada. Seu lado consciente, que queria se dar aos outros, estava fora de sintonia com seu outro lado, que desejava cuidar de si. Isso a fazia defensiva e ressentida com os outros quando suas necessidades eram esquecidas. A menos que esses dois aspectos fossem integrados, permitindo-lhe levar em consideração não apenas seus sentimentos, mas os dos outros, ela seria uma pessoa infeliz, com um comportamento imprevisível.

Causas da incongruência

A incongruência pode resultar de experiências de impressão, modelagem de outras pessoas importantes, conflitos na hierarquia de critérios ou transições de vida.

Impressões

As impressões têm o poder de criar conflito interno, como vimos no caso de Bill, no capítulo anterior. Mesmo depois de termos feito uma reimpressão bem-sucedida de uma parte de nossa história pessoal, podemos ter que resolver algum tipo de incongruência sobre crenças que passarão a caracterizar a nossa "nova pessoa" dali por diante. Depois de uma reimpressão, nosso problema não precisa necessariamente estar relacionado ao passado, mas ao presente e ao futuro.

Modelagem

Talvez tenhamos sido criados por alguém cuja crença modelamos (por exemplo, "os outros devem sempre vir em primeiro lugar") e depois, num determinado momento de nossa vida, passamos a ser criados por alguém com crenças diferentes (por exemplo, "eu venho sempre em primeiro lugar"), que também passamos a modelar. As crenças modeladas, que se tornaram parte de nós, são incompatíveis internamente.

Se modelarmos essas crenças opostas, provavelmente vamos nos sentir mal tanto quando cuidamos de nós mesmo quanto quando colocamos os outros em primeiro lugar. O resultado é que nunca conseguimos nos sentir bem e entramos num círculo vicioso.

Também pode ocorrer que uma pessoa modele diferentes membros da família que tinham crenças conflitantes. Talvez o pai fumasse e a mãe achasse que era ruim fumar. Se a pessoa fumar, este conflito da relação entre os dois pode estar sendo repassado em sua cabeça, pressupondo-se que o conflito tenha sido introjetado em um grande segmento. Escolhemos os valores, critérios e estratégias diferentes de várias pessoas que modelamos para explicar a nossa maneira de pensar.

Hierarquia de critérios

Os conflitos internos são geralmente conflitos de critérios. Uma pessoa pode pensar: "Quero esta nova casa por causa da linda vista, mas preciso guardar dinheiro para a aposentadoria". Acaba por comprar a casa e então passa a se preocupar com o futuro. Ao contrário dos conflitos de crenças, dos sistemas de crença ou de aspectos dissociados da nossa identidade, os critérios são organizados de maneira hierárquica. Falaremos mais sobre critérios no capítulo 6.

Transições de vida

As transições de vida também podem criar conflito. Por exemplo, George trabalhava em uma empresa com o pai e os tios. Eles eram sindicalistas que desconfiavam da administração e tinham "valores tradicionais da classe operária". Boa parte da identidade de George tinha sido construída a partir do que ouvia e observava dos valores e comportamentos da sua família. Quando foi inesperadamente promovido ao cargo de supervisor, George viu-se confrontado a uma série de conflitos imprevisíveis. Ele se perguntava: "Será que isto quer dizer que sou diferente ou melhor que meu pai? Será que agora vou me tornar um *yuppie* e adotar novos valores, deixando de lado minhas antigas crenças e valores? Será que meu sucesso vai me transformar em uma daquelas pessoas que minha família e eu sempre criticamos e detestamos?" Esse tipo de transição criou um conflito de crenças para George, embora em nossa cultura sua promoção seja considerada um sucesso.

As transições de vida não dizem respeito apenas aos detalhes de uma mudança mas sim a *quem somos* e *ao que somos*. Em 1982, quando trabalhava com minha mãe em seus problemas de saúde, num momento de sua vida em que tantas coisas estavam mudando, descobrimos que ela tinha um grande conflito entre ser mãe e ser uma mulher independente. Ela dizia: "É muito importante que eu cuide de outras pessoas, mas agora tenho finalmente tempo de fazer coisas apenas para mim. Preciso de férias de toda essa tensão". Depois, mudava o discurso: "Talvez eu esteja sendo muito egoísta em pensar em todas as coisas de que preciso". E assim ela oscilava entre esses dois sistemas de crenças, sem perceber conscientemente que estava enviando duas mensagens conflitantes.

Fiz com que ela visualizasse cada aspecto de si mesma. Um de seus lados, a "identidade de mãe", parecia uma bruxa quando ela o visualizava. Vivia cansada, queria descansar, mas não conseguia deixar de tomar conta dos outros. Essa era uma das suas missões na vida. O outro lado era muito menos desenvolvido. Parecia uma *socialite*, com roupas brilhantes, em nada parecida com minha mãe. Esse seu lado *socialite* dizia: "Abandone toda essa história de ser mãe, todas essas pessoas que dependem tanto de você, nem sequer consegue cuidar de si mesma".

Esses dois lados sem dúvida alguma representavam diferentes maneiras de ser e não gostavam um do outro. Essas diferenças se revelavam numa assimetria corporal, enquanto ela falava sobre seus objetivos. Neste caso, a "assimetria" era visível no gestual: ela mexia a mão direita quando falava sobre o seu "lado mãe" e a esquerda quando falava sobre o que queria fazer para si mesma. Não havia uma uniformidade de gestos no movimento de ambas as mãos.

Esse conflito cobria todas as áreas de sua vida, incluindo sua vontade de viver. E tornou-se tão importante e generalizado que, quando ela pensava na morte, tinha uma sensação de paz.

Tanto minha avó como minha tia tinham morrido de câncer de mama. Quando conversamos sobre a possibilidade de cura, minha mãe sentiu culpa. Ela refletia e dizia: "Elas foram os meus modelos. Quem sou eu para achar que sou melhor do que elas?" Pedi que não levasse em consideração os *seus* modelos, mas que olhasse para o futuro e visse sua filha (minha irmã) olhando para ela (minha mãe), e observasse como *ela* (minha irmã) seria na vida. Isto teve um forte impacto sobre minha mãe. Ela não queria que minha irmã tivesse câncer da mama, por tê-la tido como modelo. Isso a ajudou a reimprimir algumas de suas antigas crenças em relação aos seus modelos.

Em resumo, mesmo depois de reimprimir com sucesso uma parte da história pessoal, ainda é necessário resolver certas incongruências. Em geral, a pessoa fica com "dois lados" depois da reimpressão. Podem ser duas crenças ou dois aspectos incompatíveis de sua identidade. A incongruência não precisa necessariamente ter a ver com o passado, mas com a criação de uma nova identidade de presente e de futuro.

Identificação de conflitos

Quando trabalhamos com alguém que tem crenças conflitantes, observamos com freqüência uma assimetria na sua postura corporal. Essa assimetria não é tão sutil quanto as mudanças de cor da pele ou outras pistas fisiológicas mínimas, mas facilmente observáveis. Sabemos que estamos lidando com lados dissociados quando a pessoa gesticula com a mão esquerda ao discutir sobre um aspecto do problema e com a direita quando fala sobre o aspecto conflitante. É interessante observar que muitas vezes a mão direita (que está relacionada ao lado esquerdo do cérebro na maioria das pessoas destras, que têm pistas visuais de acesso normalmente organizadas) está ligada aos relacionamentos e ao desejo de sermos uma pessoa de bem, em contextos que incluem outras pessoas. A mão esquerda (que está relacionada ao lado direito do cérebro) tende a estar mais relacionada ao fato de a pessoa querer ser ela mesma, e ter uma vida rica e plena.

Podemos também observar conflitos "excitantes" ou "inibidores". É o caso de um lado ter grandes idéias e querer colocá-las em prática, enquanto o outro lado quer esperar um pouco. Isto impede que a pessoa vá adiante. Trabalhei com um homem que tinha grandes idéias para começar seu próprio negócio, mas um outro lado queria que ele continuasse trabalhando para o governo por causa da "segurança" que o emprego oferecia. Ele acabou por ter dois lados em guerra. Quando pensava em deixar o emprego e começar seu próprio negócio, ficava ansioso. E quando pensava em permanecer no emprego, ficava deprimido.

Quando trabalhamos com esse tipo de conflito, obtemos fisiologias diferentes associadas a cada um dos lados ou crenças da pessoa. O homem que queria começar seu próprio negócio descreveu seus planos num tom de voz rápido e alto, olhando para a direita (visual construído) e gesticulando com a mão esquerda. Ao falar sobre a segurança, seu tom de voz era lento e monocórdio e sua mão esquerda ficava parada em seu colo. Uma maneira de descobrir se há um conflito é observar como a pessoa descreve seu objetivo. Se não houver uma simetria corporal completa em termos gestuais (ambas as mãos movimentando-se ao mesmo tempo, da mesma forma), cuidado com possíveis crenças conflitantes.

Como trabalhar com crenças conflitantes

O processo usado por muitos instrutores de PNL ao lidar com duas partes conflitantes é o *squash* visual.[1] O *squash* visual típico, no qual se integram dois comportamentos ou se disparam duas âncoras, não funciona quando os dois lados são completamente diferentes. Tampouco funciona se a pessoa estiver associada a um dos dois lados e julgar o outro de forma negativa. Vou dar um exemplo.

Um de meus clientes passou por um difícil processo de luto depois de perder um parente próximo. Começou a comer em excesso e a ganhar muito peso. Havia um conflito importante entre dois aspectos de sua personalidade.

Ele sempre havia sido uma criança bastante rechonchuda e não se sentia bem consigo mesmo. Vivia com medo e o mundo lhe parecia um lugar assustador. Mas, ao chegar à puberdade, cresceu bastante, tornando-se um rapaz alto e musculoso, parecido com o ator Tom Selleck, e passou a achar que podia fazer o que bem entendesse.

Quando, no transcorrer do trabalho, passamos a classificar e identificar cada um dos seus lados, ficou claro que ele tinha um lado cheio de preocupações, muitos pensamentos regressivos e até mesmo uma paranóia em relação à guerra nuclear, mas também tinha um lado muito confiante, que achava que podia ter sucesso em qualquer coisa que fizesse. Cada um desses lados estava associado a um momento diferente de sua vida. O lado "paranóico" era quase o oposto do lado "confiante".

Fiz com que ele se dissociasse dos dois lados, imaginando inteiramente cada um deles — sua aparência, a maneira de falar e de se movimentar — como se estivesse na palma das suas mãos. Quando ele descreveu cada um dos lados, ficou claro que eles eram definidos sempre um em relação ao outro, como matéria e antimatéria, ou como comunista ou anticomunista (um não podendo existir sem o outro). Quando ele se identificava com o aspecto de sua identidade que "podia fazer o que bem quisesse", achava que seu outro lado era fraco e inútil. Quando se identificava com o lado que o fazia sentir-se paranóico, dizia que o outro lado não era "verdadeiro" e que o tinha apenas inventado. A identidade de um dos lados tinha todas as características que faltavam ao outro.

Percebi que não poderia apenas desintegrar as duas âncoras ou usar a linguagem hipnótica para comprimir as duas imagens, a fim de obter a integração de ambas, por causa das crenças de cada uma. Se tivesse tentado essa abordagem e tivesse obtido sucesso, tenho certeza de que teria provocado uma desintegração do seu processo mental. Fiz com que ele separasse cuidadosamente cada um dos lados, dissociando-se de cada um deles enquanto os visualizava na palma das mãos.

À medida que cada um dos lados tornou-se mais definido, ficou claro que precisávamos criar um novo sistema de crenças que incluísse ambas as co-identidades conflitantes. Pudemos fazer isso a partir de uma "modelagem externa" da intenção de cada um dos lados (fazendo a pergunta "O que você ganha com isto?") até encontrarmos as intenções *comuns* a ambos os lados. Então, meu cliente foi capaz de integrar esses lados em uma nova identidade, uma nova auto-imagem, que já existia em um nível lógico mais alto de pensamento. Uma advertência: é muito importante descobrir as *intenções comuns* a ambos os aspectos da identidade antes de tentar integrá-los. Senão, como já disse antes, corre-se o risco de provocar uma desintegração dos processos mentais da pessoa.

O objetivo da integração dos aspectos dissociados da identidade é criar uma nova auto-imagem. No caso de minha mãe, quando ela reuniu seus dois lados conflitantes (o lado "mãe" e o lado *socialite*), uma imagem bastante interessante surgiu. A imagem que surgiu espontaneamente era um Mercúrio vibrante, brilhante e gigantesco, com asas na cabeça e grandes pés bem fincados no chão.

Demonstração de conflito de crenças

Nota do editor

Dee sofreu crises de asma e alergia durante grande parte da sua vida. Sua maior alergia era a gatos. Robert fez com que Dee comparasse seu estado atual (asma e alergia a gatos) com seu estado desejado — sentir-se e comportar-se de maneira saudável quando diante de um gato. Quando Robert lhe perguntou o que a impedia de atingir seu objetivo de saúde, ela teve uma sensação que chamou de "desamparo e falta de valor", mas também associada à raiva. Ele ancorou essa sensação e pediu-lhe que deixasse que ela a guiasse até o passado, para descobrir sua origem. Ela descobriu uma série de lembranças da primeira infância, nas quais seus pais brigavam e discutiam, ignorando-a. É sempre interessante ver como se pode ancorar uma sensação adulta conhecida e usá-la para guiar um cliente de volta a experiências pré-verbais. Em geral, é a maneira mais fácil e rápida de se obter uma regressão de idade, a fim de descobrir a origem de impressões problemáticas.

As experiências de que Dee se lembrou mostravam-na deitada no berço chorando e pedindo atenção, porque seus pais estavam brigando. Neste ponto, Robert usou o procedimento de reimpressão, descrito no capítulo 4, adaptando-o ao caso específico de Dee.

Muitas vezes, quando ajudamos uma pessoa a adicionar os recursos capazes de solucionar os problemas antigos que provocaram a crença limitadora, talvez ela ainda não possua todos os recursos organizados de forma que possa atingir o objetivo desejado. Como já mencionamos anteriormente, geralmente esses recursos são organizados em "lados" ou aspectos separados da identidade e não estão disponíveis de maneira integrada.

Esta demonstração começa no momento em que Robert está testando os resultados da reimpressão com Dee e descobre um conflito importante.

Robert: Volte a olhar para aquele ponto ali em baixo. (*Faz com que ela olhe o lugar para onde olhava quando teve a sensação de desamparo, durante a reimpressão.*)

Dee: Sinto curiosidade e medo.

Robert: Em relação a quê?

Dee: Sinto uma sensação de perigo, como se houvesse algo lá fora meio amedrontador.

Robert: O que está lá fora? De que ainda precisa?

Dee: O que me vem à mente é que preciso de uma garantia de que não me machucarei, mas acho que isto não vai acontecer. Sinto uma sensação de destruição.

Robert: Acha que é "algo" que poderia destruir você?

Dee: Acho que poderia me destruir, sim.

Robert: Sabe do que se trata?

Dee: Parece um buraco negro.

(*Para o grupo*): Há uma imagem que "parece um buraco negro". Observem que Dee está olhando para baixo, um pouco para a direita. Suas pupilas estão dilatadas e ela descreve uma *cor*. A posição dos seus olhos indica sensação e ela descreve uma cor. Trata-se de cinestesia. A cinestesia acontece quando a pessoa experimenta mais de um sistema representacional ao mesmo tempo. Em geral, a pessoa acha mais difícil entender as experiências desagradáveis internamente — é como se a experiência ficasse menos nítida na sua mente. Em vez de obter uma imagem ou um som completos, eles parecem fragmentados e pouco nítidos internamente. A imagem e o som estão lá, porém flutuando um pouco abaixo do nível consciente. Em geral, a pessoa apenas percebe uma sensação desagradável. Devo esclarecer que nem sempre a cinestesia é disfuncional e em geral é associada a um estado de recursos. Por exemplo, Mozart usava a cinestesia em suas estratégias criativas. Mas, quando estamos lidando com crenças limitantes, é como se nossos pensamentos estivessem embaralhados em uma representação confusa, na qual não podemos ver ou ouvir claramente o que está acontecendo internamente.

(*Para Dee*): Você tem medo de ficar presa naquele "buraco negro", sem conseguir sair.

Dee: É verdade.

Robert: E deseja obter algum tipo de garantia de que poderá entrar e sair desse buraco negro, não importa o que ele represente.

Dee: Isso mesmo.

Robert: Este lado diz que não há garantia (*gesticulando para o lado em questão*). Entretanto eu não a ajudaria a entrar no buraco a não ser que pudéssemos garantir que você não seria destruída. Como examinar essa possibilidade e garantir que você poderia entrar sem ser destruída? Quais seriam os recursos necessários? Em outras palavras...

Dee: Sinto que está fora de mim... como se houvesse algo real lá fora que pudesse me destruir.

Robert: Lá fora?

Dee: A distância. (*Gesticula.*)

Robert: Essa distância está dentro das suas lembranças?

Dee: Não. Está realmente a distância.

(*Para o grupo*): Isso é interessante. Está lá fora (*gesticula para um ponto distante de Dee*) ou está aqui? (*apontando para o corpo dela.*)

(*Para Dee*): Seria um lado seu? Não queremos que você seja destruída e não queremos dizer que algo não é real quando é real. Você está se sentindo um pouco curiosa agora...

Dee: É verdade. Estou bastante curiosa.

Robert: Como pode examinar algo que está bem distante sem colocar sua vida em perigo? Aliás, é para isto que tem olhos. Se eu vejo algo acontecendo lá fora (*gesticula para um ponto longe de Dee*), sabendo o que é que está lá fora, vou ter mais proteção em relação à minha vida do que se o examinar de perto.

Dee: O problema é que está tudo escuro (*rindo*).

Robert: Parece-me que você precisa de um recurso que lhe permita examinar do que se trata sem ter de ir até lá. E se colocar um pouco de luz? Se pegasse alguns dos seus recursos para visualizar a situação, acha que ajudaria?

Dee: Acho que sim.

Robert: Então faça o seguinte. Olhe para cá (*gesticula para o local onde Dee disse que o buraco negro estava localizado*), para que possa ter uma idéia do que se trata — e veja que está bem distante. Não está perto o suficiente para ser perigoso. E, mantendo a mesma distância, olhe para cima e veja-o a distância. Não deixe que se aproxime a ponto de ameaçá-la.

Dee: Parece um vórtice.

Robert: O que está vendo? Não sinta nada, veja apenas.

Dee: É difícil iluminar. Vejo a luz ao redor, mas não sinto a luz em cima dele. Parece um vórtice que poderia me puxar e me destruir.

Robert: Trata-se de um tipo diferente de "cortina de fumaça". Você não consegue iluminar. O que será? Talvez seja outro lado seu.

Dee: Ah, agora consigo ver. É um lado muito impulsivo e louco.

(*Para o grupo*): Chegamos a um impasse de identidade. Dee está dizendo: "É um lado que poderia ser eu mesma. Posso cair nele e me tornar impulsiva e louca". Isto é muito verdadeiro. Conheço pessoas que se entregaram a esse tipo de impulso. Aqueles aqui presentes que trabalham com terapia, talvez já tenham visto pessoas que vivem nesse tipo de vórtice. Já disse antes que algumas tentam manter esse seu lado dentro de uma jaula para evitar ter contato com ele. Mas, fazendo isso, nunca serão capazes de solucionar o conflito, que sempre estará presente, pronto a puxar a pessoa para dentro do vórtice.

(*Para Dee*): O que esse seu lado está tentando fazer por você? Será que ele quer sugá-la e destruí-la?

Dee: É um sentimento de curiosidade que me faz querer entrar. Sinto que essa curiosidade também é perigosa.

Robert: A curiosidade matou o gato (*Dee tem profunda alergia a gato*), mas não se preocupe — os gatos têm sete vidas. (*Risos.*) De certa forma, há duas coisas acontecendo simultaneamente. Esse seu lado, apesar de impulsivo, não é necessariamente curioso...

Dee: Não. Ele é *muito* perigoso. É como se ele fosse impulso puro. Não pára para pensar.

Robert: Seria essa a *intenção* dele? Pergunte a esse seu lado se a sua intenção, ao ser absolutamente impulsivo, é destruí-la, puxando-a para dentro do buraco.

Dee: Não. Ele quer divertimento, excitação e aventura.

Robert: Ele quer divertimento, excitação e aventura. Não quer ameaçar sua vida, nem destruí-la, puxando-a para dentro do buraco.

Dee: Isso mesmo.

Robert: Você tirou o gato de dentro do saco e descobriu que seus dentes e garras não são tão afiados quanto pensava. Já teve gato quando era pequena?

Dee: Não.

Robert: Já teve outro tipo de animal de estimação?

Dee: Não.

Robert: Mesmo quando era bem pequenininha?

Dee: Não.

Robert: Portanto, esse seu lado quer empolgação e divertimento, e há outro lado seu que é curioso — uma combinação entre curiosidade e excitação, que poderia levar você a uma situação perigosa. Em outras palavras, o vórtice inclui duas coisas que reagem uma a outra. O vórtice não é um dos lados, apenas. De que recurso você precisaria para ser capaz de ter coisas excitantes e divertidas, e tudo o que aquele seu lado deseja, sem ser levada a uma situação perigosa e destruidora? Em outras palavras, para que não perca a sua identidade, evitando ser puxada para dentro do caos?

Dee: Primeiro pensei que deveria analisar o que era, mas,quando o faço, a minha curiosidade desaparece.

Robert: Então, quando você analisa, a curiosidade desaparece e, quando mantém a curiosidade, deixa de ser capaz de analisar.

Dee: Isso mesmo.

(*Para o grupo*): Mais uma vez observamos um processo de dissociação. Como obter simultaneamente curiosidade e capacidade de análise? Temos dois recursos que não conseguem funcionar juntos. Seria uma estratégia? Como fazer para ser curioso e analítico ao mesmo tempo?

(*Para Dee*): Vamos tratar do lado da curiosidade. Onde está esse seu lado curioso?

Dee: Estou me sentindo curiosa agora.

Robert: Ah! Está se sentindo curiosa! E onde está o seu lado analítico?

Dee: Está observando.

Robert: Muito bem. Os dois lados não se sobrepõem. Vamos colocá-los em cada uma das suas mãos.

Dee: Este lado seria o da análise (*gesticulando com a mão direita*). Estou vestida com um terno.

Robert: Bastante adequado. Está vestida com um terno. Vamos para o outro lado. (*Gesticula com a mão esquerda.*) Como é o seu lado curioso?

Dee: É o lado artístico.

Robert: É um lado artista.

Dee: Isso.

Robert: E como é o outro lado, aquele que está de fora? (*Gesticula.*) O lado "entusiasmado e divertido"?

Dee: Carregado de confusão! (*Ri.*)

Robert: Como é ele?

Dee: Não quero dizer. Preciso censurar esse lado. (*Rindo.*)

Robert: Tudo bem. Podemos notar pela sua fisiologia e pela mudança de cor da sua pele. Mais uma vez, temos uma experiência dissociada. O que pensa o lado analítico a respeito do lado criativo, enquanto o observa?

Dee: Não gosta dele. Ele é muito frívolo.

Robert: Esse seu lado acha o outro frívolo. Será que este lado (*mostrando a mão esquerda*) quer ser frívolo?

Dee: Quer.

Robert: Ele quer ser frívolo? É esse o seu objetivo na vida?

Dee: É. Ele quer ser curioso e criativo, mas não quer ganhar dinheiro.

Robert: Ele *não* quer ganhar dinheiro? Ou será que ele não se preocupa com dinheiro?

Dee: Ele não se preocupa com dinheiro e por isso não ganha dinheiro.

Robert: Ele se afasta do dinheiro? Foi assim que você se expressou antes.

Dee: Não, ele não se afasta do dinheiro. Simplesmente, faz "coisas" que nada têm a ver com ganhar dinheiro. Ele não é responsável. Não paga as contas, não limpa a pia do banheiro e...

Robert: Mas, ainda assim, ele é necessário.

(*Dee hesita.*)

Robert: Faça com que este lado (*mostrando a mão esquerda*) olhe para este outro lado (*mostrando a mão direita*).

Dee: Ele acha que o outro lado é muito chato.

Robert: Ótimo! Então você tem a escolha entre ser chata e frívola (*rindo*). Isto me lembra algo que disse Woody Allen, num de seus livros: "Por um lado, somos levados à destruição e à ruína, e por outro lado temos de enfrentar o desperdício e a falta de significado. Espero que possamos fazer a escolha certa". (*Rindo.*)

(*Para o grupo*): Agora vocês estão começando a perceber como ocorrem os vínculos duplos. Quando Dee limpa a pia do banheiro, está sendo responsável, *porém* chata. Se faz outras coisas, está sendo criativa e fazendo algo que vale a pena, *porém* ao mesmo tempo está tendo uma atitude frívola. Voltamos ao ponto de escolha entre o entusiasmo e a inibição. E ainda há este outro lado (*gesticulando para o exterior*) aqui fora, que teremos de tratar depois. Precisamos descobrir como fazer com que todos esses lados trabalhem em conjunto.

(*Para Dee*): Este lado aqui (*mostra a mão direita*) deve encontrar recursos que estão deste lado (*mostra a mão esquerda*).

Dee: Ele gosta da criatividade.

Robert: Como vê, a criatividade também tem seu lado prático, porque se você apenas seguir comportamentos rotineiros, pode acabar fazendo algo pouco prático, apenas por força do hábito.

Dee: É verdade.

Robert: Da mesma maneira, se quiser ser criativa (*mostra a mão esquerda*), este lado (*indica a mão direita*) precisa colocar isto em prática. Este é o lado que faz com que as coisas aconteçam no dia-a-dia.

Dee: Este lado (*mostrando a mão esquerda*) reconhece o valor deste daqui (*mostra a mão direita*), mas acha que é um chato.

Robert: Mas ele vê que o outro lado tem valor.

Dee: É, ele vê que o outro tem valor.

Robert: Que tal se conseguisse que esses dois lados deixassem de ser separados e passassem a ser um único lado seu que fosse ao mesmo tempo criativo e prático?

Dee: É impossível.

Robert: O que faz com que seja impossível?

Dee: Porque seria um acordo.

(*Para o grupo*): O que ela está dizendo é que não pode fazer isso porque significaria chegar a um meio-termo entre ambos os lados.

(*Para Dee*): Não quero que chegue a um meio-termo entre os dois. Na verdade, neste momento nenhum dos dois é capaz de levar a cabo o que deseja, porque o outro está sempre atrapalhando. De que forma seria possível possuir todos os recursos de ambos os lados, sendo tão criativo como este aqui (*mostrando a mão esquerda*), porém tão prática como este outro (*mostrando a mão direita*), sem ter de desistir de nada? Você estaria apenas acrescentando recursos. Como criar algo de forma que tenha tanto deste lado (*mão direita*) quanto deste aqui (*mão esqueda*)? O que temos agora é um atrapalhando o outro. Conhece alguém que seja ao mesmo tempo criativo e útil, sem ser conciliatório, chato ou frívolo?

Dee: Acho que sim. Posso criar alguém assim?

Robert: Pode. O que essa pessoa faria? Como ela equilibraria os dois aspectos, para que nenhum deles fosse conciliatório e tivesse acesso total aos recursos de ambos os lados?

Dee: Não sei muita coisa sobre a vida dessa pessoa. Posso inventar?

Robert: Claro. Você pode fazer com que o lado criativo (*mão esquerda*) crie alguns elementos, enquanto este outro lado (*mão direita*) testa para ver se isso pode ser colocado em prática. Portanto, o lado criativo apresenta possibilidades, enquanto o outro lado verifica a praticabilidade.

Dee: (*Pausa longa.*) O lado criativo (*mão esqueda*) apresenta idéias completamente malucas que este lado (*mão direita*) sabe que não são nem um pouco viáveis.

Robert: Perfeito. Em vez de rejeitar as idéias, faça com que este lado (*mão direita*) as aperfeiçoe. Quanto mais inviáveis forem no início, mais você estará permitindo novas possibilidades. Ao torná-las reais você poderá descobrir soluções para situações que atrapalharam outras pessoas, por não terem começado de um ponto de vista tão maluco. Consegue fazer isso?

Dee: Consigo. Já estou fazendo. Este lado (*mão direita*) gosta da idéia, mas não quer colocá-la em prática por falta de dinheiro.

Robert: Continue e faça com que esse seu lado adapte as idéias, para que você possa levá-las a cabo sem dinheiro ou, então, para que essas próprias idéias possam fazê-la ganhar dinheiro.

Dee: Tudo bem!

(*Para o grupo*): O que estava acontecendo antes de começarmos a negociação entre os lados era que as idéias eram rejeitadas sem ao menos serem analisadas. Agora, criamos um clima de troca de informações entre ambos os lados. Existe um sentido lógico, mas enquanto isso não for instalado a pessoa não consegue fazer a troca de informações.

Dee: Este lado (*mão direita*) tem de saber onde conseguir dinheiro, pois ainda não sabe.

Robert: É aí que este outro lado (*mão esqueda*) pode ajudar.

Dee: É... (*Suas mãos começam a se aproximar com movimentos saltitantes.*)

(*Para o grupo*): Como vocês podem observar, ela não está movimentando as mãos de forma consciente.

Dee: É um relacionamento bem experimental (*rindo*).

Robert: Percebe-se.

Dee: Há um certo nível de confiança, mas não total.

Robert: De que os lados precisam para confiar um no outro?

Dee: De experiência. Precisam seguir adiante e experimentar os recursos um do outro.

Robert: Há um segmento que ainda falta. Temos todas as idéias, mas onde entram o divertimento e o entusiasmo? Depois de obtermos uma base sólida e a integração começar a ser feita, não é preciso mais ter medo. Pensem nisso como uma metáfora de química. Se eu misturar dois elementos, talvez obtenha uma reação química. Mas, se acrescentar este ou aquele outro elemento, posso obter uma solução completamente diferente. Talvez não se trate apenas de uma metáfora de química, porque na verdade há mudanças mentais químicas quando os padrões neurológicos associados a esses lados são integrados.

Dee (*as mãos continuam a se movimentar lentamente*): Que coisa estranha! (*Rindo.*)

Robert: Quanto mais estranho, mais estará no caminho certo.

Dee: Tudo bem. Mas não tenho tanta certeza assim! (*Ri.*)

Robert: Este é o lado prático (*mão direita*) falando. É bom ter um senso prático a esse respeito.

Dee: Há um lado meu que quer dizer "Continue! Continue!" Este lado (*mão direita*) está muito insatisfeito com aquele outro (*gesticula para fora*) e quer brigar com ele.

Robert: Então, este lado prático (*mão direita*) está chateado com aquele lado divertido.

Dee: Ele quer brigar com o outro e fazer com que fique sério.

Robert: Será que este lado prático (*mão direita*) está percebendo que a intenção daquele outro lado não é fazer coisas ruins e levar broncas, mas poder ser divertido e entusiasmado?

Dee: Está...

Robert: Mas não quer aceitar a maneira como as coisas estão sendo feitas.

Dee: Nem que o outro lado queira fazer isso.

Robert: Ele não confia que seja isso o que realmente quer.

Dee: Ou isso, ou então acha que aquele lado vai agir errado.

(*Para o grupo*): É aí que entra uma certa dose de repressão e de conflito.

(*Para Dee*): Aquele lado divertido (*gesticulando para fora*) acha que poderia obter divertimento e entusiasmo com os outros dois, se você o trouxer para cá?

Dee: Acha. Mas o lado prático não acredita nisso (*mão direita*). Ele é muito rígido e quer que tudo seja feito de uma maneira específica, o que não dá certo.

Robert: Ele sabe disso?

Dee: Sabe.

Robert: Então, mesmo querendo se divertir, o lado prático ainda assim sente-se preso a essa rigidez? Portanto, ele está agindo de uma maneira que não deseja. De que recursos ele precisa para agir de outra maneira?

Dee: Precisa de experiência, que ele não possui.

Robert: Como você reagiria numa situação da qual ainda não tem experiência? É uma questão muito importante, que tem a ver com a identidade. Você será uma pessoa diferente. Como saber que resultados vai obter antes de experimentar? O duplo vínculo existe neste caso porque você está pensando: "Só vou confiar depois de ter experimentado, mas só vou experimentar depois de ter confiança". Não vou dizer a você: "Esqueça a parte da confiança, vá em frente e faça o que quiser". Isso é provavelmente o que o lado criativo (*mão esqueda*) diria, enquanto o lado prático (*mão direita*) diria: "Não faça nada".

Dee: Isso mesmo.

Robert: Como poderá agir? O lado criativo (*mão esqueda*) sabe o que fazer.

Dee: O lado criativo (*mão esqueda*) sabe. O lado aventureiro (*que está fora*) pode passar um filme.

Robert: O que aconteceria se este lado aqui (*que está fora*) passasse uns filmes sobre como agir e ter algumas dessas experiências e deixasse que aquele outro lado (*mão direita*) avaliasse a sua praticabilidade?

O lado criativo (*mão esqueda*) começaria a agir e o lado prático (*mão direita*) interromperia o processo, enquanto o lado aventureiro (*que está fora*) passaria um filme sobre o que aconteceria se continuasse a agir.

Enquanto isso, o lado prático (*mão direita*) editaria o filme, para ter certeza de que está dentro dos limites da viabilidade.

Dee: Isso mesmo. Depois, o lado criativo (*mão esqueda*) poderia dar àquele outro lado (*que está fora*) mais informações.

Robert: Trata-se de uma estratégia.

Dee: É verdade. E depois este lado (*que está fora*) poderá mostrar novamente o filme, para que o lado prático (*mão direita*) aprove ou não.

Robert: Se o lado prático desaprovar o filme, não precisará rejeitá-lo... Poderá melhorá-lo. É preciso que ele diga: "Este ponto é questionável. Seria possível mudar uma parte dele?"

Dee: Correto. É interessante. O lado prático (*mão direita*) obtém a informação e pode passá-la adiante, enquanto o outro lado (*que está fora*) funciona como um editor que pode reunir todos os elementos.

Robert: É capaz de fazer isso?

Dee: Sou.

Robert: Poderá reunir todos os elementos?

Dee: Eles já estão reunidos. Bem... aquele lado (*que está fora*) ainda está lá fora, mas acho que não há problema.

Robert: Vamos trazê-lo para cá, também.

(*Para o grupo*): Queremos nos certificar de que Dee terá acesso a todos os elementos. Queremos que todos sejam integrados.

(*Para Dee*): Como poderá reuni-los de forma que este lado seu, que era um imenso buraco negro, seja parte integrante de você? De maneira que ele se torne um lado integrado, a partir do qual você tenha acesso a todos os seus diferentes lados?

Dee: Este lado (*mão direita*) acha que talvez seja melhor deixar este outro lado lá fora, onde ele se encontra.

Robert: Ele pensa assim. Mas não acho que vá dar certo. De que você precisa agora para ter uma experiência de melhor qualidade? Mais útil do que inútil?

Dee: Tudo bem. Está aqui, agora (*mão esqueda*).

Robert: Então, este lado (*mão esqueda*) tornou-se tanto criativo quanto divertido. No fundo, ele está dando um passo menor. Vamos colocar este lado (*que está fora*) aqui (*mão esqueda*), antes de mais nada.

(*Dee move a mão direita em direção à esqueda.*)

Robert: Este lado prático (*mão direita*) está um pouco mais ansioso do que o lado aventureiro e divertido (*mão esqueda*). Será que este lado aqui (*mão esqueda*) ainda precisa de outra coisa? Ele também teme por sua identidade.

Dee: Sei do que este lado (*mão esqueda*) precisa e estou acrescentando este elemento.

Robert: Perfeito. Neste momento, quero ter certeza de que todas as objeções foram eliminadas e ambos se sentem à vontade para se reunir e formarem um novo lado seu. Um lado que seja tanto criativo e divertido quanto prático e analítico.

Dee (*as mãos continuam a se movimentar com movimentos cadenciados*): Tenho a impressão de que nenhum deles tem objeções e estão ambos prontos para se aceitarem.

Resumo

(*Para o grupo*): Enquanto Dee continua a integrar esses aspectos de si mesma, vou resumir o trabalho que desenvolvemos aqui. Começamos por esclarecer a história pessoal de Dee, usando a reimpressão. Às vezes, depois disso, ainda restam lados em conflito. Assim, começamos por identificar esses lados em conflito, prestando atenção à assimetria, tanto no nível da fisiologia quanto no da atitude.

Em seguida, pedimos à pessoa que crie uma representação completa de cada lado, vendo, ouvindo e sentindo um deles em uma das mãos. Depois, cada um dos lados observa e analisa o outro. Em geral, os lados levantarão objeções importantes ou desconfiarão um do outro.

Depois, investigamos a intenção positiva ou o objetivo de cada um dos lados. Muitas vezes, cada um dos lados vai achar que o outro lado tem uma intenção negativa. É muito importante que o processo chegue ao ponto de determinar a intenção de cada um dos lados. Em geral, nenhum deles terá objeções em relação à intenção do outro. Na maioria das vezes, pode-se continuar a trabalhar com ambos os lados até que eles cheguem a uma intenção comum — como, por exemplo, fazer com que a pessoa tenha uma vida plena e válida.

Por fim, cada lado deve olhar para o outro e descobrir que recursos ele possui. Nessa altura dos acontecimentos, pode-se pedir à pessoa que considere cada "lado" como um conjunto de recursos. O mais importante é ser congruente com o que se deseja.

Também é importante que a pessoa perceba que, se combinarem seus recursos, os lados serão muito mais poderosos, passando a ser um único todo integrado, que pode atingir seus propósitos mais elevados e objetivos comuns.

A intenção comum faz com que eles comecem a compartilhar seus recursos, e consigam trabalhar em conjunto em direção ao objetivo. Neste ponto, os lados se reúnem, a fim de que a pessoa torne-se inteira. É difícil descrever essa sensação de ser uma "pessoa inteira", pois se trata, na verdade, "simplesmente da pessoa".

Perguntas

Homem: Você disse que deveríamos testar quando a integração for completada. Como testar?

Robert: Quando as mãos de Dee se juntaram, fiz a ela uma série de perguntas sobre sua capacidade de ganhar dinheiro e fazer coisas úteis de maneira divertida e criativa. As respostas de Dee foram positivas e congruentes, e ela gesticulou com ambas as mãos, de maneira harmoniosa.

Para saber se a integração se deu inteira e completamente, peço que a pessoa inicie atividades adequadas. Se o trabalho foi sobre cigarro, peço que ela pense em fumar e presto atenção ao que acontece.

Observo se há uma fisiologia integrada. Se a pessoa revelar uma verbalização que indica que o novo lado está integrado, mas vejo que o corpo não está, aceito a fisiologia e sei que o processo ainda não terminou.

É lógico que o melhor é sempre o teste comportamental. Se pudermos colocar a pessoa na situação que causava o problema e obtivermos uma resposta nova e congruente, teremos certeza de que algo mudou e de que houve a integração.

Mulher: Dee parecia confusa algumas vezes durante o processo. O que acha disso?

Robert: Há uma diferença entre uma "boa" confusão e uma "má" confusão. Às vezes, quando as pessoas ficam confusas, é porque a integração se completou. Outras vezes, é porque elas ficaram desintegradas. Em ambos os casos, seus pensamentos e sensações parecerão diferentes, estranhos.

Um pouco de confusão é bom. Quando acabamos de integrar lados conflitantes, o mundo deixa de ser o mesmo, literalmente. Tudo parece muito diferente. Há também momentos em que temos a impressão de estarmos sendo dilacerados entre lados internos e não sabemos para que lado ir. Este é o tipo de confusão que nos impede de ir adiante.

Mulher: Por que os lados são colocados nas mãos?

Robert: Faço com que a pessoa coloque cada "lado" numa mão porque quero usar algo que é apenas uma sensação e acrescentar representações visuais e auditivas. Quero que a pessoa tenha maior acesso ao cérebro, e isso acontece quando não se trata apenas de uma sensação. Também faço isso como um reforço natural do gestual assimétrico.

Por outro lado, quando fazemos com que a pessoa veja, ouça e sinta o lado em sua mão, ela estará observando aquele lado e sua intenção a partir de uma "metaposição". Em vez de ficar limitada, a pessoa fica de fora, examinando o lado de um outro ponto de vista e obtendo uma nova perspectiva da situação.

Homem: Como sabe o momento de fazer uma impressão, em vez de uma resolução de conflito?

Robert: Se o comportamento for orientado para a assimetria e passa da direita para a esquerda, sigo a incongruência. Se a pessoa for mais simétrica, mas tem uma intensa fisiologia associada ao comportamento, isto me permite saber que se trata provavelmente de uma impressão.

Mulher: Você citou a assimetria. Existem outras pistas fisiológicas a serem observadas ou usadas?

Robert: Às vezes, quando a pessoa está em conflito, terá dificuldades em movimentar os olhos, passando de uma posição de acesso visual a outra. Em geral, há sempre uma fisiologia diferente associada a cada um dos movimentos oculares. Quando ela descreve uma crença, poderá estar olhando para cima e à esquerda. Quando descreve a crença conflitante, talvez olhe para baixo e à direita. Se sua fisiologia for muito diferente em cada um dos aspectos de sua identidade, pode-se apostar que ela também terá processos mentais bem diferentes.

Quando estou trabalhando com uma pessoa, quase sempre pergunto: "O que a impede de atingir seu objetivo?". Então, presto atenção à reação fisiológica inconsciente imediata, que surge antes que ela tenha a possibilidade de pensar conscientemente na resposta. (Isto é o que chamamos de regra do meio segundo.) Não estou tão interessado na resposta verbal quanto nas pistas não-verbais que ocorrem no primeiro meio-segundo, que me fazem saber com precisão de que forma a pessoa está se sentindo tolhida.

Às vezes, percebemos uma falta de continuidade nos movimentos visuais quando a pessoa movimenta os olhos de uma posição para outra. Quando ela passa os olhos de Vl^2 (*para cima e à esqueda*) para C^3 (*para baixo e à direita*) e notamos uma hesitação ou desvio na orientação, trata-se de um aviso de que algo não foi integrado adequadamente.

Quando percebemos uma falta de continuidade nos movimentos oculares, o primeiro passo é integrar as duas fisiologias. O objetivo é ajudar a pessoa a passar com facilidade de um quadrante ocular ao outro. Para isso, podemos pedir à pessoa que tenha acesso e entre completamente dentro de um estado e, enquanto mantém esse estado, fazer com que ela movimente os olhos para o quadrante onde se encontra o conflito. O objetivo é ajudá-la a criar literalmente um acesso entre os dois quadrantes. Isso abre um novo caminho de acesso aos seus recursos, dando à pessoa mais escolhas sobre suas crenças e comportamentos.

Assim, uma forma de ir em direção à integração é criar um movimento suave entre as duas polaridades, e as pistas visuais de acesso abrirão um caminho para isso.

A integração também pode ser atingida com tons de voz. Peça à pessoa que comece usando um tom de voz e depois, lentamente, modifique o tom ou a cadência. A idéia neste caso é criar ligações entre os dois lados conflitantes.

O melhor momento para instalar este caminho suave (seja visual ou auditivamente) é quando a pessoa está quase dizendo: "Não sei o que fazer". Isto demonstra um impasse, e a ligação dos dois quadrantes fará uma imensa diferença.

Resumo do modelo de integração de conflito

1. Identifique as crenças conflitantes e calibre as fisiologias de cada um dos lados em conflito. (Preste atenção especial às assimetrias.)

2. Represente as crenças em todos os sistemas sensoriais, colocando as diferentes crenças em cada uma das mãos. Coloque o lado que tem a crença "X" na mão direita e o lado que tem a crença "Y" na mão esquerda. Descubra que imagens, vozes, sons e sensações estão associados a cada um dos lados.

3. Peça a cada um dos lados que olhe para o outro e descreva o que vê. Neste ponto, os lados diferentes em geral não aceitam nem confiam um no outro. Pode-se perceber as diferentes fisiologias no rosto da pessoa enquanto ela passa de um lado para outro, ao olhar as mãos.

4. Descubra a intenção positiva e o objetivo de cada um dos lados. Certifique-se de que cada um dos lados reconhece e aceita a intenção positiva do outro. Esclareça que o conflito entre ambos está impedindo a realização da intenção positiva de cada um dos lados. Se for necessário, passe para o nível superior da intenção de cada lado.

5. Identifique o objetivo comum que ambos os lados compartilham.

6. Faça com que cada um dos lados olhe para o outro e descubra que recursos, entre os que ele possui, lhe seriam úteis. Faça com que ambos os lados concordem congruentemente que vão combinar seus recursos para realizar plenamente suas intenções positivas.

7. Se a imagem de um dos lados for metafórica, veja o lado como tendo a aparência da pessoa.

8. Sugira que os lados se movimentem simultaneamente enquanto uma nova identidade está sendo criada. Obtenha em todos os sistemas sensoriais uma representação que integre plenamente os recursos de ambos os lados. Calibre uma integração/simetria das fisiologias que acompanham ambos os lados.

9. Depois de as mãos se movimentarem em conjunto e a integração ter sido completada, faça um teste em contextos futuros, para ter certeza de que não existem mais problemas de ecologia.

Notas

1. Vide John Grinder & Richard Bandler, *The Structure of Magic II*
2. Visual lembrado.
3. Cinestésico.

6

Critérios

Os critérios e valores formam uma categoria especial de crenças, que nos dizem por que algo é importante ou valioso para nós. São muito poderosos e individualizados.

Pedimos a nossos leitores que escrevam, como se estivessem lendo em voz alta, a resposta à seguinte pergunta: "O que deseja de um emprego?" As palavras que vierem à sua mente representam os seus critérios pessoais para um emprego. Caso esses critérios não estiverem sendo amplamente satisfeitos pelo emprego atual, a pessoa sentir-se-á infeliz no trabalho. Vocês podem comprovar o poder desses critérios fazendo a um amigo a mesma pergunta e escrevendo a lista de critérios dele. Finjam que estão dando a esse amigo um emprego. Utilizando as suas próprias palavras, digam-lhe que critérios esperam que ele satisfaça no emprego. Depois, peçam-lhe que use suas palavras para indicar o que espera do emprego. A não ser que sejam usadas as mesmas palavras, haverá uma grande mudança na fisiologia dele. Se quisermos convencer alguém de algo, devemos usar seus *próprios* critérios, e não os nossos.

Às vezes, as pessoas têm problemas na forma como pensam e representam internamente seus critérios. Esses problemas podem estar relacionados a: (1) hierarquia; (2) grau; (3) tamanho do segmento; (4) identidade; e (5) conflitos.

Hierarquia de critérios

É importante lembrar que cada um de nós coloca seus critérios numa certa hierarquia. Por exemplo, digamos que se divertir e ganhar a vida sejam coisas importantes para alguém. Mas, se ganhar a vida for mais importante do que se divertir, a pessoa não abandonaria o seu trabalho para ir esquiar.

Surgirão problemas quando a hierarquia interna não está classificada de uma maneira positiva para a pessoa. Por exemplo, se gostar de doces for mais importante para uma pessoa do que sua saúde, ela vai engordar muito e sua saúde ficará abalada.

Grau

Existe uma questão de grau quando lidamos com critérios. Por exemplo, se ganhar a vida for mais importante do que se divertir, mas tivermos de escolher entre uma atividade *muito* divertida e outra cujo salário seja *muito* baixo, talvez escolhamos a atividade divertida.

As pessoas podem ter problemas quando estão confusas sobre essa questão de grau. Por exemplo, algumas pessoas sempre excluem o divertimento para ganhar dinheiro. E acabam procurando ajuda porque estão insatisfeitas com a vida.

Tamanho do segmento

Às vezes, as pessoas têm definições vagas dos seus critérios. Por exemplo, uma pessoa pode achar que é importante ter boa saúde, mas, quando lhe perguntamos "O que é ter boa saúde para você?", para poder responder ela terá de criar outra lista de critérios, como ter um bom nível de energia, ter um certo peso, sentir-se de uma certa maneira etc. Quando não parou para pensar se um critério está sendo preenchido, ou quais as equivalências de critérios ou de subcritérios, pode sentir-se confusa sobre como atingir seus objetivos, ou sobrecarregada diante de tudo o que é necessário para atingi-los. Se segmentarmos um critério para obter seus componentes, saberemos o que e como fazer para satisfazê-lo.

Identidade e critérios

Se, quando planejamos comprar um carro, decidimos que um carro esporte representaria o nosso "novo eu", enquanto um carro maior representaria a nossa responsabilidade em relação à família, trata-se não apenas de questão de critérios, mas também de questão de identidade.

Vamos usar o cigarro para dar outro exemplo. Algumas pessoas deixam de fumar porque a fumaça incomoda os outros, ou seja, porque a aceitação de outras pessoas tem mais valor do que o prazer que obtêm com o cigarro. Neste caso, estão usando seus critérios para modificar um comportamento. Mas há outras pessoas que complicam a questão, dizendo: "Se posso parar de fumar, posso fazer qualquer coisa. Posso ser a pessoa que sempre quis ser". Se estivermos lidando com o primeiro tipo de pessoa, estaremos ajudando-a a modificar um hábito, um comportamento. Se estivermos trabalhando com o segundo tipo de pessoa, estaremos lidando com quem ela é e com quem ela se tornará, e a questão pode ser muito mais complexa.

Conflitos de critérios

Nossos conflitos internos são geralmente conflitos de critérios. Por exemplo: a pessoa quer fazer coisas divertidas, mas tem de ganhar a vida. Se definir essas atividades na base do "isso ou aquilo", a obtenção de uma delas excluirá a outra. A pessoa poderá sentir-se enganada, qualquer que seja a atividade escolhida.

Depois desse rápido resumo sobre critérios e valores, gostaria de examinar melhor o caso em que uma pessoa deseja fazer uma mudança específica, mas não a faz. Ela começa a mudar, mas perde o ânimo. Ou então entra em conflito quando tenta levar a cabo a mudança. Por exemplo: a pessoa decide fazer ginástica, mas, quando chega a hora, o plano desaparece e ela decide fazer outra coisa. Quando isso acontece, trata-se quase sempre de um conflito de critérios.

Demonstração de conflito de critérios

Robert: Mary, venha até aqui.

Mary: Sempre que começo a fazer dieta, sigo o regime durante alguns dias e depois o plano vai por água abaixo.

Robert (*para o grupo*): Então, Mary tem um problema quando decide começar algo que deseja fazer, mas não consegue seguir até o fim.

Seu verdadeiro objetivo não é apenas perder peso, mas criar novos hábitos alimentares. A dieta nem sempre funciona a longo prazo, porque nem sempre resulta em melhores padrões de comportamento. Não acho que as dietas sejam a maneira mais eficiente de perder peso. Quando se perde peso, primeiro perde-se tecido muscular e só depois a gordura. Quando começamos a recuperar peso, a gordura volta antes de desenvolvermos novamente os músculos. O peso sobe e desce, enquanto tentamos atingir a homeostase — um equilíbrio entre músculos e gordura. Muitas pessoas perdem milhares de quilos durante a vida em dietas e recuperam tudo novamente. Chamo esse fenômeno de "método rítmico de obesidade".

O que é preciso para ganhar e manter um peso saudável é organizar a estratégia alimentar e os critérios pessoais, para que funcionem da maneira que desejamos.

(*Para Mary*): Você disse que faz regime e perde peso até certo ponto e depois algo acontece. O que é? Começa a perder sua força de vontade ou a sentir-se frustrada? O que acontece realmente?

Mary: Mantenho o novo peso durante um certo tempo e depois deixo de tentar e recupero o peso perdido. Uma das coisas que me ocorreram quando você estava falando é que cerca de um ano atrás interrompi uma dieta após ter controlado cuidadosamente os alimentos que ingeria durante dezoito meses. Decidi deixar meu corpo atingir seu peso natural, e desde então tenho engordado muito.

Robert: Você fala em deixar seu corpo fazer o que quiser. Mas estamos falando em harmonizar mente e corpo.

Seu objetivo não é apenas deixar o corpo fazer o que ele quer, mas tornar-se uma pessoa mais magra, certo? (*Mary concorda.*) O que significa para você tornar-se magra?

Mary: Quero poder me movimentar com facilidade e parecer elegante nas minhas roupas. O mais importante é que quero me sentir bem nas minhas roupas. Também quero ser congruente profissionalmente. Como terapeuta, quero que meu peso e minha aparência reflitam o que eu sou.

Robert (*para o grupo*): No meu trabalho, reúno informações não-verbais enquanto estabelecemos o objetivo de Mary. As pistas visuais de acesso são uma das maneiras pelas quais ela nos oferece informações. Quando fala em se movimentar com facilidade, Mary olha para baixo, não exatamente como num acesso cinestésico direto, mas para baixo, naquela direção.

(*Para Mary*): De que está consciente quando pensa em se movimentar com facilidade?

Mary: Estou consciente de como é se mover. Mas tenho a sensação de que há algo ali em cima também. (*Aponta para cima e à direita.*)

Robert: Você tem uma sensação e um visual construído vago. Você quer ter boa aparência. Como pensa nisso?

Mary (*olhos para cima e à direita*): Não visualizo bem, mas percebo um clarão de cor e algum movimento. Quando penso sobre isso, é tudo muito vago em termos de imagens.

Robert (*para o grupo*): Há um princípio geral importante a mencionar neste ponto. Quando entrevistamos pessoas muito competentes naquilo que fazem, é comum que elas tenham uma representação clara, bastante detalhada, daquilo que fazem bem. Elas conseguem representar seus sucessos com muita nitidez. Quando lhes perguntamos a respeito de seus fracassos, em geral elas têm representações vagas e praticamente nenhuma reação fisiológica.

Por outro lado, alguém que está tendo dificuldades em fazer algo vai descrever seus êxitos em vagas representações internas e demonstrará pouca fisiologia. Mas se lhe perguntarmos sobre seus fracassos as representações serão variadas e detalhadas.

Há pouco tempo estive em contato com uma empresa chamada Sybervision, que, entre outros produtos, cria vídeos sobre o bom desempenho na área de esportes. Eles estão usando algumas das descobertas e métodos de PNL. Um dos métodos consiste em mostrar imagens, como por exemplo uma jogada de golfe correta, repetidas vezes, para que a pessoa que está aprendendo obtenha uma imagem de referência a ser usada como modelo. Quanto mais o cérebro apreende alguma coisa e quanto mais numerosos forem os detalhes, mais a pessoa será capaz de repetir o gesto, quer seja um sucesso ou não.

(*Para Mary*): Que tipo de imagem você vê? Associada ou dissociada? É uma imagem lembrada ou construída?

Mary: É construída.

Robert: E como é sentir-se bem nas suas roupas?

Mary (*olhando para baixo e à direita*): Tenho mais experiência neste caso. Posso sentir.

Robert: Muito bem. Quando pensa sobre a noção de congruência profissional, o que acontece por dentro?

Mary: Mais uma vez, não sei o que estou fazendo por dentro. Tenho uma boa percepção de mim mesma como terapeuta e vejo imagens dos momentos em que fiz um bom trabalho. De certa forma, essas imagens não combinam com o fato de eu estar acima do meu peso.

Robert: Você está fazendo uma comparação. O que está sendo comparado? Está comparando uma imagem com outra ou uma imagem com uma sensação em seu corpo?

Mary: As imagens não combinam com os meus sentimentos sobre mim mesma.

Robert: Mary, pense numa ocasião em que teve a oportunidade de escolher entre manter novos hábitos alimentares ou voltar aos antigos hábitos e decidiu manter os antigos. O que aconteceu então?

Mary: Às vezes consigo manter meu peso um pouco acima do objetivo que estabeleci. Quando estou chegando perto, é quase como se houvesse uma barreira. Quanto mais perto chego, mais eu dou para trás.

Robert: O que acontece exatamente quando você dá para trás? De que forma "dar para trás" se manifesta? Especifique o contexto.

Mary: Uma sensação de que as pessoas olhariam mais para mim, em vez de me sentirem como gente.

Robert: O que significa esse critério para você? Será que quer dizer que não deseja ser julgada? Que as pessoas saberiam quem você realmente é?

Mary: É como se as pessoas me enxergassem superficialmente e eu deixasse de sentir o que sou.

Robert: Deixasse de sentir o que você é. E o que mais?

Mary: Gosto de variar os alimentos e de comidas fortes. Se me afastar disso tenho medo de perder alguma coisa.

Robert: Perder a variedade. Perder contato com quem você é. Temos aqui exemplos de metaclassificações de "dar para trás". São comparações negativas. Mary tenta evitar uma comparação negativa. Atingir o peso ideal significaria que as pessoas deixariam de perceber quem ela é e ela passaria a ser alguém que não teria acesso a alguns tipos de variedade em sua vida.

Robert: Quando tem medo de que as pessoas reajam a você de maneira superficial e não a quem você realmente é, de que maneira fica preocupada?

Mary: Sinto que, de certa forma, mudei de posição em relação a mim mesma. É como se, de algum modo, eu estivesse dissociada da minha auto-imagem. Também escuto uma vozinha interior, da qual pensava já ter me livrado. Certa vez, ao chegar mais perto do meu peso ideal, meu marido comentou que, mesmo perdendo muito peso, eu ainda teria a forma de uma pêra.

Robert: Ah! Temos então um AL (auditivo lembrado), juntamente com um grande C (cinestésico). O que mais? Você disse que parece ter "mudado de posição".

Ainda está presa àquela sensação negativa, certo? Temos um conjunto de representações e de repente surge uma sensação C negativa, que é diferente das outras representações. É como um C quadrado, um "megassentimento".

Você ouve uma voz e tem uma sensação negativa. Era a única voz que ouvia ou havia outra voz ou afirmação? Essa voz trouxe-lhe outras lembranças ou pensamentos?

Mary (*olhando para cima e à direita*): A forma de pêra que imagino é a que enxergo na minha mãe.

Robert: Seria uma imagem lembrada?

(*Para o grupo*): Ela vê uma imagem em forma de pêra. Agora ela está dizendo que vê esta imagem.

(*Para Mary*): Você enxerga realmente isso? É uma imagem clara? Vi que recriava a forma com as mãos.

Mary: Não há dúvida de que se trata de uma imagem mais clara do que a que consigo criar sobre minha imagem ideal.

Robert: Quando vê essa forma, também vê a imagem de sua mãe? Como relaciona essa forma com sua mãe?

Mary: Posso ver imagens de minha mãe indo e vindo, quando está despida. Vejo essa imagem várias vezes.

Robert: Quantas imagens diz que consegue ver?

Mary: Duas ou três.

Robert: Existem, portanto, três imagens VL (visual lembrado).

(*Para o grupo*): Se examinarmos a maneira como ela representa essas experiências, notaremos que as representações são desiguais. Nas imagens do estado desejado, ela via um clarão de cor e uma sensação de movimento. Neste caso, ela tem uma representação muito mais rica. Trata-se de uma representação literalmente diferente. Precisamos equilibrá-las e nivelá-las.

(*Para Mary*): Voltando à questão da variedade. De que forma pensa em perder a variedade?

Mary: Com a dieta. As dietas restringem as escolhas.

Robert: Como assim?

Mary: É uma situação de "uma coisa ou outra". Se como maiores quantidades, não posso ter variedade. Se posso variar, não posso comer o suficiente.

Robert: O que quero saber agora é o seguinte: O que acontece quando pensa em perder a possibilidade de variar? O que acontece dentro de você?

Mary: Não vejo imagem nenhuma, mas, se olhar para cima (*olhando para cima e à direita*), quase não sinto problema em perder a variedade.

Robert: De certa forma, a variedade está associada à questão auditiva. Olhe aqui para baixo (*gesticulando para a esquerda de Mary*). De que forma você deixaria de ter variedade?

Mary: Não ouço nada, só um barulho forte no ouvido.

Robert: Um barulho forte.

(*Para o grupo*): Se prestarmos atenção à maneira como Mary tem acesso às pistas, perceberemos que sua representação é, sem dúvida, um diálogo interno. Mas, por enquanto, só nos interessa a estrutura. Temos dois aspectos de uma mesma equação.

Este é o último passo antes de reunir todos os elementos. Precisamos descobrir uma representação interna que seja maior do que a voz do marido dizendo-lhe que seu corpo tem a forma de uma pêra e a imagem lembrada do corpo de sua mãe em forma de pêra.

(*Para Mary*): Houve algum momento na sua vida em que fez algo que significava perda de variedade, mas que faria de novo, mesmo que suas opções tivessem sido restritas?

Mary: Aprender! Aprender, aprender, aprender, aprender.

Robert: Aprender! E cinco vezes, ainda por cima! Como você pensa a respeito de aprender?

Mary: Esqueço de mim mesma e me concentro no que tenho a fazer. Ou ainda posso fazer algo que me foi pedido. Foi o que aconteceu ontem, quando você nos pediu para fazer algo no seminário de treinamento. Poderia ter pensado em outras formas de fazer o que você pedia. Mas foi fácil seguir a abordagem indicada porque queria aprender como você fazia. (*A voz de Mary fica mais rápida, num tom levemente mais alto, indicando acesso visual.*)

Robert (*para o grupo*): Enquanto ela está falando, posso observar que está tendo acesso a outros lugares.

(*Para Mary*): Enquanto você descreve isso, o que está acontecendo dentro de você? Está claro que ouve palavras e que elas têm um tom e uma cadência específicos.

Mary: Sinto muito mais movimento. Sinto-me mais solta.

Robert: Como sabe o que fazer para se sentir mais solta? Esta sensação vem das palavras ou das imagens?

Mary: É uma sensação mais brilhante. Sinto que posso me mover.

Robert: É uma sensação mais brilhante. Você disse "aprender, aprender, aprender, aprender, aprender" e falou algo para si mesma. O que foi?

Mary: Não consigo ouvir tudo o que digo a mim mesma, mas sinto que há uma grande vibração. E também uma grande flexibilidade verbal.

Robert (*para o grupo*): A idéia de aprender sobrepõe-se à de não ter variedade. Tem componentes auditivo, cinestésico e visual, todos eles identificados como submodalidades. Agora já temos informações suficientes para selecionar um processo específico capaz de ajudar Mary a fazer a mudança que ela deseja. Existem pelo menos três métodos diferentes que podem ser usados apenas com este critério.

Um deles é a alavancagem. Neste caso, alavancagem significa pegar o critério mais elevado, identificado na situação na qual ela restringiria suas possibilidades de escolha (aprendizado), e aplicá-lo à alimentação.

Sabemos que o critério de aprendizado poderia sobrepor-se ao critério de variedade, entretanto ela não o está aplicando para ganhar o peso que deseja.

Mary: Gostei do que disse: "Ganhar o peso que deseja". Soa muito melhor do que "perder peso".

Robert: E pode soar mais alto também. Como fazer para que a tarefa de atingir o peso desejado, parecer bem, sentir-se bem e estar equilibrada se equipare à tarefa de aprender? Não acha que é algo que você terá de aprender também?

Mary: Venho estudando sobre trabalho corporal e estou ciente de estar aprendendo bastante no nível corporal.

Robert: Como aprender a ter o peso que deseja, sem ter de perder o sentido de si mesma ou a variedade?

Mary: Acho possível, mas não sei se poderia fazê-lo.

Robert: Você sabe se poderia aprender?

Mary: Sei que já aprendi muitas coisas.

Robert: O fato de você saber ou não importa pouco para o aprendizado. Quando você decide aprender algo, não sabe de antemão o que vai acontecer. O que você sabe é que há outros meios de fazer algo. Para você, é fácil ir em frente.

Mary: Ainda tenho uma sensação aqui. (*Aponta para o meio do estômago.*)

Robert: Você tem uma sensação aqui (*apontando para o meio do estômago*) que indica que não será capaz de fazer. Veja se essa sensação não se enquadra na representação de aprendizado. De onde vem essa sensação? É diferente da sensação de perder o sentido de si mesma ou a variedade. Parece uma crença de que não conseguirá fazer o que quer. De onde vem essa sensação?

Mary: Daqui. (*Aponta para o tórax.*) É como se eu respirasse e conseguisse sentir aqui. (*Seus olhos ficam marejados de lágrimas e a cor de sua pele torna-se mais intensa.)*

Robert: (*Ajuda-a a interromper o seu estado emotivo, tocando com delicadeza seu braço.*) Aliás, pode-se notar pela sua fisiologia que esta é a sensação mais congruente que você já teve. Há outra questão também. Você falou em ter o corpo em forma de pêra. (*Novamente, Mary demonstra a fisiologia da sensação no meio do corpo.*) No livro *NLP*, volume I, descrevemos uma pessoa que tem o corpo em forma de pêra como alguém que tem um tipo especial de estratégia.[1] As pessoas cujo corpo tem forma de pêra em geral usam a estratégia visual-cinestésica; visual na parte de cima e cinestésica na parte de baixo, onde a cinestesia é o limite final.

(*Para Mary*): Quando você modifica seu peso, está modificando sua estratégia. Está se tornando uma pessoa diferente. A maneira de pensar se modifica. O acesso visual torna-se mais importante do que o cinestésico, em certos aspectos, mas isso não quer dizer que você perca a sensação cinestésica. As pessoas que têm o corpo em forma de pêra são mais visuais, mas as sensações continuam no fundo. Portanto, quando você fala em ganhar o peso que deseja, está falando em ser uma pessoa diferente. Isto permite que o aspecto visual também faça mais parte de você.

Mary: Minha mente vai aprender, aprender, aprender, aprender, aprender.

Robert: Isso mesmo. Quando perdi peso, eu tive de aceitar ser uma pessoa diferente. Tive de tratar de uma série de aspectos relacionados a ser uma nova pessoa. A sensação que você está tendo agora é sem dúvida puramente cinestésica. Trata-se de uma informação importante. Seria uma sensação antiga?

Mary: É como se fosse, pois o corpo de minha mãe é assim, portanto o meu também tem de ser igual. Sinto-me triste com isso. (*Seus olhos enchem-se de lágrimas.*)

Robert (*ancorando a sensação*): Vamos voltar a isso e manter essa sensação um pouco. Quando sentiu isso pela primeira vez? De onde vem essa sensação e que crenças estão associadas a ela?

Mary: Na minha família as pessoas se interessam muito pela genealogia e fazem muitas comparações entre filhos e pais.

Robert: Você tem essa sensação quando pensa nessas conversas? Há uma profunda sensação nesse caso.

Mary: Não.

Robert: Volte ao momento em que teve aquela sensação.

Mary: Quando entrei na adolescência, minha mãe me forçou a fazer uma lavagem. Não sei se foi por razões médicas. Lembro que gritava e pedia a ela que não o fizesse, mas ela fez assim mesmo. (*Começa a chorar.*)

Robert: Tudo bem. Que crença você criou a partir dessa experiência?

Mary: Que ela tinha ganhado e eu tinha perdido.

Robert: Agora podemos voltar ao aqui-e-agora. (*Quebra o estado emocional, batendo com delicadeza no braço de Mary.*)

(*Para o grupo*): Pudemos notar que há um elemento de derrota na descrição de Mary. Quando se tem um megassentimento, um C extremamente intenso, trata-se geralmente do resultado de uma impressão. Quando uma pessoa tem um C tão intenso quanto este, eu me pergunto "Por que será que esse critério específico é tão importante para ela?"

Por exemplo, por que uma pessoa pensaria que a responsabilidade em relação à família é tão mais importante do que cuidar de si mesma? As pessoas se apegam tanto a algo por causa de experiências de impressão! É o que acontece em 90% dos casos. Um incidente como o da lavagem geralmente acontece na época em que a pessoa está formando uma opinião sobre sua identidade.

Acha que sua mãe tinha alguma idéia da sua reação? Muitas vezes os pais impõem sua vontade à criança sem provocar nenhuma impressão. Outras vezes, porém, a imposição paterna determina uma crença sobre quem a pessoa é. É isto que torna esse tipo de incidente uma impressão. A impressão ocorreu porque você não sabia o que estava acontecendo, e o incidente transformou-se numa questão de poder.

(*Para Mary*): Gostaria que você visse a Mary "mais jovem", entrando na puberdade, discutindo com sua mãe. Você pode mudar essa animosidade? Enquanto observa aquele momento, que outras generalizações teria formado?

Mary: Que minha mãe não me compreende. Ela não acredita em mim.

Robert: Ela não me compreende. Ela não acredita em mim. Temos aqui um outro conjunto de equivalências complexas. Teria sido intenção da sua mãe fazer você se sentir derrotada, não acreditar em você e levá-la a ter os problemas que tem hoje?

Mary: Acho que ela estava fazendo o que achava que tinha de fazer. Acho que aquilo se tornou uma questão de poder para ela quando eu resisti.

Robert: Estou fazendo esses comentários porque questões de poder são problemas comuns quando as pessoas têm dificuldades em manter o peso. As pessoas desenvolvem uma espécie de sabotador interno cuja função é manter poder. Esse confrontador interno vai encontrar uma maneira de resistir. Portanto, você vai mantê-lo dentro de você o maior tempo que puder, apenas para mostrar à sua mãe.

(*Para o grupo*): Lembro que quando passei pela puberdade tive o mesmo tipo de problema. Meu pai entrava no meu quarto e dizia: "Levante-se, está na hora de ir para a escola". Eu não queria me levantar porque ele estava ordenando. Eu ia me levantar porque eu queria. Então, esperava cinco minutos e depois me levantava, porque eu queria me levantar. Quatro minutos e meio depois, meu pai me chamava de novo. Então eu tinha de esperar mais cinco minutos. Aquilo começou a se tornar uma questão de poder. Aliás, consegui fazer uma reimpressão desse problema.

(*Para Mary*): Então a intenção de sua mãe não era ganhar uma batalha. De que sua mãe precisava naquela ocasião para que a experiência tivesse sido positiva para vocês duas? Para que o incidente nunca tivesse chegado a uma situação de quem perde/quem ganha?

Mary: Ela precisava ter me ensinado a fazer lavagem em mim mesma. Também deveria ter me explicado por que eu tinha de receber uma lavagem. Naquela idade, eu mesma poderia ter me aplicado a lavagem.

Robert: Percebo uma questão de aprendizado também. Sua mãe precisava saber que você gosta de aprender e deveria tê-la ensinado como fazer. Ela também precisava reconhecer que você já estava numa idade em que podia começar a tomar conta de si mesma. Mary, sei que existem momentos em que, quando está trabalhando com seus clientes, você reconhece que eles precisam fazer coisas sozinhos — ocasiões em que eles precisam aprender como fazer, em vez de deixar que outras pessoas façam por eles. Pense num momento em que conseguiu perceber isso, mesmo quando era pequena.

Mary: Lembro-me de uma ocasião parecida... (*Robert ancora o estado, enquanto ela se lembra do momento.*)

Robert: Agora, vamos manter esta âncora e olhar para sua mãe, enquanto você dá a ela um pouco desse recurso. De que outra maneira ela teria lidado com a situação?

Mary: Seu tom de voz mudaria completamente. Ela teria me levado para outro cômodo e teria me explicado o que ia acontecer. Seria calma e paciente.

Robert: O que acontece com a pequena Mary? Como ela reage?

Mary: Com uma sensação de alívio e curiosidade.

Robert: Perfeito. Gostaria que revisse toda a situação. Agora que sua mãe está agindo com paciência e compreensão, como você reage? Não acho que sua intenção, quando criança, era criar uma situação que iria lhe causar problemas pelo resto da vida. De que recursos a pequena Mary precisava naquele momento para que a situação não tivesse se transformado nessa desagradável experiência de impressão?

Mary: Eu tinha que ter deixado claro que precisava de maiores informações.

Robert: Você precisava ter deixado claro que precisava receber informações da sua mãe. A lavagem não era o problema em si. Sua mãe precisava saber que não se tratava de uma questão de poder, e sim de informação.

Você já precisou fazer isso com alguém? De forma que validasse a intenção da pessoa e também a sua própria intenção e seguisse adiante para o que era realmente importante?

Mary: Já, mas não consigo me lembrar de uma situação em especial.

Robert: Claro, é importante se lembrar de um exemplo específico. Assim, houve um momento em que algo lhe parecia confuso e você precisava tornar a questão clara, sem brigar inutilmente... um momento em que você reconheceu que isso poderia ter acontecido... um momento em que você disse à outra pessoa: "Entendo qual é a sua intenção, mas preciso esclarecer algo antes". Pode ter sido com um médico, um professor ou outra pessoa qualquer.

Mary: Lembro-me de uma ocasião em que fui ao médico e precisava fazer um exame qualquer. Pedi a ele que me explicasse os detalhes do caso, para que eu entendesse todas as implicações antes de fazer o exame. Queria saber o que ia acontecer e quais seriam as opções. Eu não estava querendo contrariar nada, apenas obter informações.

Robert (*para o grupo*): Anteriormente, ao falar sobre sua tentativa de seguir uma dieta, Mary disse que estava tentando "mudar de posição". Quando ela muda de posição, perder peso torna-se algo que ela não quer fazer.

O que faz uma impressão? Ela nos leva a trocar de posição com alguém do nosso passado. Portanto, perder peso deixa de ser algo que se quer fazer e torna-se algo que está sendo feito por nós. É algo contra o que devemos resistir para preservar nossa integridade. O objetivo da reimpressão é mudar de perspectivas, e com isso obter os recursos adequados.

(*Para Mary*): O que aconteceu quando você fez perguntas ao médico? Como soube que podia fazer isso? Que tipo de crença possui atualmente que lhe possibilitou fazer isso?

Mary: Eu podia. Acredito que tenho bastante confiança e sou bastante articulada para fazer as perguntas necessárias à satisfação de minhas necessidades numa situação como aquela. Por outro lado, acredito que esteja bastante consciente das minhas necessidades para poder expressá-las.

Robert: Muito bem. Vamos dar este conjunto de recursos àquela Mary mais jovem, quando ela enfrentava a situação com sua mãe. (*Segura a âncora de recursos.*) De que maneira a atitude da Mary mais jovem muda?

Mary: Para começar, ela não fica histérica, nem grita ou chora. Ela conversa.

Robert: Acho que nós temos um impacto bem diferente sobre sua mãe também (*usando o pronome pessoal nós*).

Mary: Também posso sentir meu corpo relaxar. Isto significa que o impacto da lavagem teria sido diferente, porque meu corpo não estaria tão tenso.

Robert: Quero que volte à cena com sua mãe, entre dentro dela e veja a situação através dos olhos dela. Dê a ela o recurso de perceber quando alguém precisa ser ensinado. (*Ele toca a âncora que fora criada anteriormente.*) Reveja o que viu e ouça o que disse na ocasião.

Mary: Isso é diferente.

Robert (*ainda segurando a âncora*): Agora passe para o ponto de vista da menininha. Entre dentro dela... Mary, você disse que a crença que criou como resultado daquela experiência é que sua mãe não a entendia nem acreditava em você. Que crença tem agora?

Mary: Uma das coisas que eu disse a ela, ao reviver a situação, é que eu estava com medo. Disse a mamãe que ela não sabia o quanto eu estava com medo e que deveríamos conversar. Acho que ambas ganhamos algo novo e útil com isso.

Robert: De que forma colocaria essa experiência numa declaração de crença?

Mary: Se ambas aprendermos o que é importante para cada uma de nós, nós duas sairemos ganhando. É assim que me sinto agora.

Robert: Vou pedir que faça uma outra coisa. Olhe aqui para baixo. (*Gesticula para baixo e à direita de Mary, indicando que deseja que ela tenha acesso cinestésico.*) Quero que repita todas as crenças que tem, enquanto olha nessa direção. Que você é inteligente... que ambas podem sair ganhando... que você é uma pessoa capaz e importante... (*Segura todas as âncoras de recursos.*)

Mary: É uma crença que já possuo em várias outras situações. Não é difícil fazer isso.

Robert: Ótimo. Então, vamos voltar ao aqui-e-agora. Você falou sobre uma ocasião em que seu marido disse que, qualquer que fosse o peso que perdesse, seu corpo continuaria tendo a forma de uma pêra. O que acontece quando ouve isso agora? Não sei qual foi a intenção dele. Qual acha que foi?

Mary: Ele é mais difícil de ensinar. (*Risos.*)

Robert: Virginia Satir disse que as pessoas podem ser lentas, mas são passíveis de serem educadas. Quando você mencionou o que seu marido disse, havia claramente sensações sobre isso. Que sensações eram essas?

Mary: Era uma sensação de "Aqui estou eu, obtendo sucesso, e ele me diz uma coisa dessas". Mais uma vez, eu saio perdendo. Senti-me um completo fracasso.

Robert: Um vínculo duplo. "Mesmo quando saio ganhando, sou um fracasso para as pessoas importantes para mim." Qual seria a intenção dele? Certa vez ouvi um homem dizer à sua esposa: "Vou amá-la qualquer que seja a sua aparência, mas estou contente de que esteja perdendo peso". Qual das duas afirmações é verdadeira? É um paradoxo, não acha? Ele vai amá-la de qualquer jeito, mas ainda assim está contente porque ela está se esforçando para parecer mais bonita e cuidar de si mesma.

Qual acha que foi a intenção de seu marido ao dizer que qualquer que fosse o peso perdido, seu corpo continuaria tendo a forma de uma pêra?

Mary: Sua intenção era me controlar. É por isso que ele agora é meu ex-marido.

Robert: Ele tinha medo de que você perdesse peso e ficasse mais bonita?

Mary: Tinha.

Robert: Será que ele pensava: "Ah, ela vai ficar independente demais."?

(*Para o grupo*): Esse tipo de questão sempre surge quando trabalho com problemas de perda de peso.

Uma mulher me disse: "Se eu fizer ginástica, comer direito e me sentir bem comigo mesma, perderei as pessoas importantes para mim". Quando examinamos a situação de impressão *ocorrida* num casamento anterior, descobrimos que o casamento se baseava num relacionamento de dependência. Quando a mulher começou a crescer no sentido de sua própria evolução pessoal, o marido ficou preocupado e a relação começou a ter problemas. Quanto melhor ela se sentia, mais alienado ficava o marido. Ela começou a se afastar do relacionamento, encontrando novos amigos e iniciando novas atividades. No final, o casamento terminou. Ela não tinha consciência dos problemas, até que o casamento terminou. Ela acreditava que, se fizesse coisas para si mesma, ela iria arruinar a mais importante das suas relações.

Mary: Acho que, ao escolher meu marido, eu achava que precisava ser controlada de alguma forma. Agora esses problemas já foram resolvidos.

Robert: Ainda precisamos tratar da afirmação auditiva lembrada sobre seu peso e o corpo em forma de pêra. Você se lembra de seu marido dizendo isso e tem uma sensação negativa. Essa crença tem menos a ver com a forma do seu corpo do que com o que estava acontecendo no seu relacionamento.

(*Ele modifica o tom de voz que vinha usando e passa a usar o tom suave da última âncora de recursos tocando o local ancorado anteriormente, quando reimprimiu a lembrança da lavagem.*)

Poderíamos reimprimir esta lembrança, mas, ao invés disso, ouça novamente a voz e tenha uma experiência diferente. (*Mary ouve a afirmação internamente, mantendo a fisiologia de recursos.*)

(*Para o grupo*): Vamos rever o que fiz até agora. Começamos com uma "alavancagem" dos critérios de Mary, mas chegamos a uma impressão, uma profunda sensação que precisava ser reimpressa antes de podermos continuar. A alavancagem dos critérios é uma das maneiras de identificar impressões e descobrir onde atacar. Completamos a reimpressão e agora vou fazer a Mary outras perguntas relacionadas aos critérios que ela nos ofereceu anteriormente.

(*Para Mary*): Mary, você acha que pode se movimentar com facilidade, ter boa aparência, sentir-se bem, manter naturalmente o equilíbrio entre o que sente dentro de você e o que parece por fora? De forma que não perca contato consigo mesma? Em outras palavras, de forma que se mantenha em contato com o seu verdadeiro "eu"... tendo variedade, alimentando-se adequadamente e aprendendo a agir de uma maneira que seja boa para você?

Mary (*de maneira muito congruente*): Acho!

Robert: Agora, precisamos equiparar seu objetivo de estar em equilíbrio, ter boa aparência, sentir-se bem, movimentar-se com facilidade, manter contato consigo mesma e ter variedade com a estrutura do seu critério de aprendizado. Vamos fazer isso de forma literal no nível das submodalidades e da fisiologia. Você sabe quando está aprendendo, pois há um certo brilho na sua representação de aprendizado. Há uma qualidade de movimento ligada a essa representação. Há um conjunto de palavras com uma qualidade específica. Quero que pense como quer ser. O aprendizado leva certo tempo. Ao invés de seguir uma dieta, você seria capaz de aprender a ser a pessoa que deseja ser?

Quando perdi quinze quilos, não queria seguir uma dieta. Queria ser a pessoa que sou agora. Pensei: "Não estou fazendo dieta agora; por que deveria começar a fazer?". Minha perda de peso teve a ver com o fato de eu me tornar uma pessoa diferente, de vários pontos de vista.

Lembro-me de uma mulher que disse: "Deixei de fumar várias vezes, mas só tive realmente sucesso quando me tornei uma não-fumante". Em outras palavras, até que ela "se conscientizasse" de que era uma não-fumante.

Vamos acabar de rever o que fizemos até agora. Mary, você deseja que seu corpo seja congruente com sua identidade profissional. Mas, antes de fazermos a reimpressão, as imagens que tinha de si mesma enquanto terapeuta eficiente não combinavam com seu sentimento a respeito de si mesma. Além do mais, você parecia preocupada com o fato de que as pessoas olhariam mais para você, em vez de "perceber" quem você realmente é. O comentário de seu marido de que você sempre teria a forma de uma pêra mostra um paradoxo interessante. Por um lado, ele não conseguiu perceber o "você verdadeiro", que você sabe existir profissionalmente. Por outro lado, talvez ele tenha tocado num "você verdadeiro", ao qual você se sentia ligada, mesmo que lhe tenha sido imposto por sua mãe a partir de uma impressão ocorrida na adolescência. Achei interessante quando você disse que a imagem do corpo de sua mãe era mais clara do que qualquer outra imagem que pudesse imaginar sobre o seu eu "ideal". Isso parecia indicar que a imagem que tinha de você mesma como profissional era mais idealizada do que o você "verdadeiro". Isto cria uma "cisão V-C", que se manifesta no visual "em forma de pêra" na parte de cima e cinestésico na parte de baixo. A reimpressão que fizemos tornou esses dois aspectos mais equilibrados, pois acrescentamos recursos do sistema auditivo, sob a forma de sua capacidade de expressar a sua necessidade de informações e de fazer perguntas.

Agora que esclarecemos as crenças limitantes de sua história pessoal, por meio do processo de reimpressão, podemos "aprender, aprender, aprender, aprender, aprender" a ser uma pessoa magra mais simétrica. Quando mencionou os recursos de aprendizado, você usou a palavra "aprender" cinco vezes. O fato de serem cinco palavras parece-me importante, e gostaria de incorporar esse fato neste ponto, a partir do qual você vai prosseguir.

Antes de mais nada, cada pessoa tem cinco sentidos, e parece-me que, em relação ao emagrecimento, há algo a ser aprendido através de cada um desses sentidos. Em segundo lugar, existem cinco níveis de aprendizado: o do ambiente, do comportamento, da capacidade, da crença e da identidade. Seus cinco sentidos formam uma dimensão horizontal para o aprendizado e os cinco níveis, uma dimensão vertical. Portanto, para "aprender, aprender, aprender, aprender, aprender", será preciso que você descubra o que pode ver, ouvir, sentir, cheirar e provar em seu ambiente, seu comportamento, suas capacidades, suas crenças e sua identidade que lhe permitiria tornar-se mais leve e mais equilibrada. Isto deverá lhe dar bastante variedade.

Mary: Parece uma abordagem interessante.

Robert: Isso mesmo. E você poderá restringir-se apenas às partes da abordagem que lhe darão mais variedade para obter o que deseja, como fez com a tarefa que lhe propus ontem e que você mencionou.

Agora gostaria que parasse por um momento e se colocasse numa posição confortável. E vá bem para dentro de você, para um local onde possa aprender de uma maneira completa e plena. (*Pausa.*) Isso mesmo. Sinta profundamente como é ter uma identidade congruente e coordenada. Sinta e ouça as qualidades profissionais e os recursos que corporificam aquilo que você sabe ser por dentro. Visualize a maneira como você é enquanto manifesta essas qualidades. Veja a forma e a qualidade dos seus movimentos, não como uma imagem ideal, mas como uma imagem normal, natural, que combina com a pessoa que você já é. Respire profundamente e inspire essa imagem para dentro de você, de forma que ela faça parte de si mesma. Preste atenção ao cheiro e ao gosto que ela deixa em sua boca. Deixe que esse cheiro e esse gosto sirvam de guia para você saber o que comer no futuro.

Agora, reveja as crenças que já possui e de que vai precisar para auxiliar essa pessoa equilibrada e congruente. Quando todas as partes e aspectos de você tiverem aprendido o que é importante para eles, todos os seus lados sairão ganhando. Saiba que você pode perceber quando precisa aprender algo e articular as perguntas capazes de lhe trazer a informação adequada. Que você pode ter a variedade de que tanto gosta de muitas outras maneiras (além de comer). Deixe que sua mente reveja suas experiências de vida e descubra exemplos de momentos em que fez isso antes. Sinta as sensações que fizeram com que você se desse conta de que precisava de informações. Sinta a curiosidade que a motiva a ir atrás da informação de que precisa. Ouça seu tom de voz confiante e saiba que está ciente das suas verdadeiras necessidades e pode satisfazê-las. Veja as situações internamente, todas as situações nas quais foi capaz de satisfazer suas necessidades sempre que desejou... cada uma das situações, com seus sabores específicos. Regale seus olhos com todas as situações nas quais foi capaz de seguir a orientação de suas próprias necessidades e apreenda a quantidade adequada de informações.

Reveja as capacidades que você possui para auxiliar essa identidade e essas crenças... a habilidade de aprender através de todos os seus sentidos... assimilando o mundo ao seu redor com os olhos e ouvidos e sentindo-se envolvida por um sentimento de curiosidade e entusiasmo. Perceba que existe um sem-número de escolhas disponíveis, capazes de expandir e enriquecer o seu mapa do mundo, para que haja mais espaço para você se movimentar de maneira fácil e confortável. Que pode modelar as pessoas que conseguiram equilibrar bem sua identidade pessoal e profissional de maneira ecológica e harmoniosa. Que tem a capacidade de se entregar àquilo que está fazendo e seguir sua intuição. Isso mesmo... seu inconsciente sabe o que fazer. A capacidade de falar e fazer perguntas para satisfazer suas necessidades, o relaxamento, o brilho, o ritmo... tudo está na ponta de sua língua... Seu objetivo está tão próximo que você quase consegue sentir o seu gosto.

Entre em contato com os comportamentos específicos que estará adotando, enquanto o seu eu verdadeiro torna-se cada vez mais manifesto. Veja, ouça, sinta, cheire e prove a variedade de formas de aprender a fazer coisas novas em sua vida: ginástica, cozinhar, relacionar-se com as outras pessoas, andar, mover-se, beber o que é bom para você, comer o que é adequado e ecológico. Há tantas coisas novas e maravilhosas a serem aprendidas!

Examine o seu ambiente. O que há de novo nele? Que tipos de alimentos vai manter? A que tipo de cheiros e sabores vai prestar atenção? Que tipos de odores e sabores representam o novo tipo de pessoa que você é? Que tipo de lembretes terá ao seu redor que possa ver, ouvir e sentir? Talvez, quando comer pêras, você perceba que é capaz de dispensar aquilo que não lhe serve mais. Sua "forma de pêra" tornar-se-ia uma "forma parelha", que atrai e convém ao tipo de pessoa que você deseja parecer. Descubra âncoras para cada um dos seus sentidos. Que variedade você poderia acrescentar ao seu ambiente, em termos de cor, música e atividades capazes de incentivar e substanciar seus novos comportamentos, capacidades, crenças e identidade?

Isso mesmo. E permita-se continuar a aprender, aprender, aprender, aprender, aprender, descobrindo todas as informações de que precisa para ficar satisfeita em todos os níveis e através de todos os seus sentidos. E quem sabe, enquanto se permite tornar-se plenamente consciente dos aspectos, sons e cheiros da sala onde se encontra... seu corpo, o gosto na sua boca... você poderá sentir que o "novo você" está plenamente em contato com o presente e aprecia o fato de ser apenas você mesma.

Mary: Muito obrigada.

Resumo da hierarquia de critérios

1. Identifique um comportamento que a pessoa deseje adotar, mas não consegue, como por exemplo fazer ginástica com regularidade.

2. Faça surgir os critérios que motivam a pessoa a querer adotar o novo comportamento. Por exemplo: a pessoa quer fazer ginástica para ficar "saudável" e "ter boa aparência".

a. Faça surgir a estratégia e/ou submodalidades que a pessoa usa para escolher cada um dos critérios. Por exemplo: "saúde" = A^d/V^c, "boa aparência" = A^d/V^c.

3. Faça surgir os critérios que impedem a pessoa de mudar. Obs.: Esses serão os critérios mais poderosos, porque se sobrepõem aos critérios de motivação, isto é, a pessoa não faz exercícios regularmente porque "não tem tempo" e "o corpo dói".

a. Faça surgir a estratégia e/ou submodalidades que a pessoa usa para escolher cada critério. Por exemplo: "falta de tempo" = V^r/C e "o corpo dói" = C.

4. Faça surgir um nível superior de critério que se sobreponha aos critérios limitadores do passo nº 3. Pode-se perguntar: "O que é tão importante a ponto de você sempre encontrar tempo para fazer, mesmo que doa? Que valores são satisfeitos para tornar isso tão importante?" A resposta poderia ser: "Responsabilidade para com minha família".

a. Extraia a estratégia e/ou as submodalidades que a pessoa usa para escolher o seu critério. Por exemplo: "Responsabilidade para com a família" = V^c/C.

5. Agora, podemos passar a usar uma das técnicas seguintes:

a. Alavancagem. Aplique o critério de nível mais alto ao comportamento desejado, de forma que sobreponha às objeções limitadoras. Por exemplo, pode-se dizer: "Já que seu comportamento é um modelo para sua família, você não estaria demonstrando maior responsabilidade se encontrasse tempo para se manter saudável e com a melhor aparência possível?"

b. Acompanhamento dos critérios limitadores. Descubra uma maneira de atingir o comportamento desejado que satisfaça os critérios nos três níveis e não viole os critérios limitadores. Por exemplo: "Existe algum tipo de exercício compatível com o seu físico que não tome muito tempo, não seja doloroso e você possa praticar junto com sua família?"

c. Uso da estratégia/submodalidades. Adapte as características de estratégia ou submodalidades dos critérios do comportamento desejado às características de estratégia/submodalidades do critério de nível superior.

Nota

1. Robert Dilts, Richard Bandler, Judith DeLozier, Leslie Cameron-Bandler e John Grinder, *NLP*, I (Meta Publications, 1979).

7

Mais sobre PNL e saúde

Métodos de visualização e ecologia

Existem programas que foram criados para desenvolver a crença do paciente em sua capacidade de se curar e melhorar o tratamento. A visualização é uma técnica importante geralmente usada nesses programas. A partir de algumas das considerações ecológicas expressas neste livro, gostaria de fazer uma advertência a respeito do uso de certos métodos de visualização para a saúde. Vou explicar a razão. Quando o estresse ou a doença de que o paciente está sofrendo são criados ou intensificados por algum tipo de conflito interno, alguns processos de visualização podem intensificar o conflito.[1] O método de ver os glóbulos brancos do sangue como "os mocinhos" e as células cancerosas como "os bandidos" pode tornar-se uma metáfora para o conflito interno da pessoa. Pode até mesmo exacerbar o conflito. Infelizmente, quase tudo o que se conhece sobre o sistema imunológico baseia-se na metáfora de guerra.

Quando minha mãe estava tratando do câncer, usava a visualização de uma maneira mais ecológica. Visualizava as células brancas como carneiros que estavam pastando em um campo, tomando conta de grandes grupos de sementes (as células cancerosas) que haviam crescido demais. O tumor representava a grama que tinha crescido demais e precisava ser reciclada, para criar uma harmonia ecológica. Pensem no que é uma célula cancerosa. Não se trata de um invasor estranho. É uma parte de nós mesmos, idêntica, sob vários aspectos, às células saudáveis. Só que seu desenvolvimento tornou-se defeituoso. Experiências mostraram que às vezes as células cancerosas tornam-se células normais em lâminas de laboratório. Portanto, quando trabalhamos com alguém usando o método de visualização de saúde, é bom evitar qualquer referência a "mocinhos e bandidos", ou estaremos entrando em algum conflito já existente. O objetivo é que ambos os lados trabalhem em conjunto e unidos, para criar uma atmosfera harmoniosa.

Para que a visualização funcione

Tim e Suzi estudam o processo de visualização há doze anos. Antes de aplicar os filtros de PNL à visualização, eles queriam saber por que algumas pessoas eram capazes de criar mudanças físicas e comportamentais rapidamente com a visualização, enquanto outras não conseguiam produzir qualquer tipo de mudança, mesmo após longos períodos de visualização. Por exemplo, um dos participantes de um seminário sobre estresse no qual Tim e Suzi ensinavam a visualização sofria de sinusite crônica. Tinha esse problema há anos e já o considerava parte da sua vida. Depois de usar as técnicas de visualização que eles lhe haviam ensinado durante alguns dias, os sintomas desapareceram repentinamente e ele estava se sentindo muito bem. Tim e Suzi receberam o mesmo tipo de depoimento de pessoas com as quais haviam trabalhado. Entretanto, havia pessoas que lhes diziam que, ao visualizar a melhoria de um sintoma ou problema durante vários dias, nenhuma mudança acontecia.

Na época, Tim e Suzi estavam ensinando diversos processos — padrão de visualização que haviam aprendido em livros.[2] Eram métodos semelhantes, que se resumiram no seguinte processo de visualização:

1. saiba o que deseja. Use afirmações ou outras técnicas para lidar com objeções internas contra aquilo que quer obter;
2. crie um estado de espírito relaxado e receptivo;
3. visualize que está tendo ou vendo aquilo que deseja da maneira mais detalhada possível;
4. acredite que irá obtê-lo;
5. diga a si mesmo que merece obter o que deseja.

Comparando as pessoas que tinham sucesso com a visualização com aquelas que não conseguiam ser bem-sucedidas, Tim e Suzi descobriram algumas diferenças importantes entre os dois grupos. Primeiro, as pessoas bem-sucedidas têm objetivos congruentes com o resto dos seus desejos e satisfazem as condições de boa formulação de bons objetivos, na forma especificada por Bandler e Grinder.[3] E, segundo, as pessoas que conseguem visualizar bem, geralmente usam submodalidades diferentes das utilizadas pelas pessoas que não conseguem atingir seus objetivos.

As pessoas que têm dificuldade em fazer com que a visualização funcione, em geral criam uma imagem dissociada de si mesmas fazendo o que querem ou atingindo o seu objetivo. Às vezes, vêem uma pequena foto emoldurada que não é nada atraente. Por outro lado, as que conseguem sucesso em suas visualizações são capazes de ter uma experiência plenamente associada do objetivo visado. Isto quer dizer que elas vêem o que desejam através dos seus próprios olhos; ouvem, tocam, movimentam-se, cheiram e provam seu objetivo como se ele estivesse acontecendo no presente. Este tipo de visualização provoca um sentimento positivo em relação à visualização e reforça a prática da técnica.

A expectativa de reação, a crença de que algo irá acontecer como resultado de uma ação, também é importante. As pessoas bem-sucedidas vivenciam seu objetivo nas submodalidades de expectativa visual, auditiva e cinestésica.

Para criarem suas próprias submodalidades de expectativa, parem um momento e pensem em algo que vocês sempre fazem, como por exemplo ir dormir à noite. Observem como pensam a respeito desse fato. Que imagens internas vocês criam? Dizem algo a si mesmos ou ouvem outros sons? Que tipo de cinestesia está incluída — sensações de movimento ou de tato?

As pessoas que não obtêm sucesso com a visualização geralmente codificam a sua experiência interna nas submodalidades de *esperança* ou mesmo de *dúvida*. Para verificar suas submodalidades de esperança, pensem em algo que "esperam" que vá acontecer — algo que gostariam que acontecesse, mas do qual não têm certeza, como por exemplo obter uma promoção no trabalho, ou sua esposa lembrar-se do seu aniversário. Examinem as imagens, os sons e a cinestesia que são criados internamente. Os tipos mais comuns de submodalidades incluem imagens vagas, filmes dissociados, um tom de voz de "indagação" ou representações múltiplas (imagens de ter algo e de não ter algo, imagens que vão e vem, ou que sejam vistas simultaneamente).

Se, ao usarmos o processo de visualização para a saúde ou para qualquer outro fim, incluirmos um objetivo bem formulado, uma experiência plenamente associada de já termos atingido o objetivo e também as submodalidades de expectativa, teremos maiores possibilidades de atingir o objetivo desejado. Abaixo, damos uma descrição completa de um processo de visualização que achamos bastante útil.

Fórmula para mudança comportamental

1. Determine o que realmente deseja. O objetivo deve estar dentro de suas possibilidades reais e ser formulado afirmativamente, ou seja, algo que você "quer", e não que você "não quer". Especifique como saberá que atingiu seu objetivo. O que irá ouvir, ver e sentir que lhe servirá de prova?

Quais as conseqüências positivas e negativas de obter o seu objetivo? Modifique o objetivo para enfrentar quaisquer conseqüências negativas internas ou externas.

Estude qualquer reserva que possa surgir em relação à obtenção de seu objetivo. Escreva as razões por que não pode obter o que quer, permita-se vivenciar plenamente quaisquer sentimentos negativos que possa ter e crie uma afirmação (uma auto-afirmação positiva) para liberar qualquer bloqueio que possa estar sentindo.

2. Entre num estado de espírito relaxado e receptivo.

3. Pense em algo que espera que venha a acontecer plenamente e sem reservas. Vá para dentro de si mesmo e observe as qualidades (submodalidades) de suas imagens internas (cor, localização, luminosidade, nitidez, número de imagens), de seus sons e vozes (tom de voz, volume e altura) e de suas sensações (táteis, de movimento e de ação). Escreva essas qualidades para lembrar-se delas.

4. Imagine que está se vendo depois de já ter atingido seu objetivo. Faça isso como se estivesse vendo um filme de si mesmo.

Se não gostar da imagem que vê, modifique-a, até que ela lhe agrade.

Quando a imagem parecer "correta" e você não tiver nenhuma reserva sobre ela, entre dentro do filme e imagine que está vivenciando a experiência de ter atingido seu objetivo, usando as submodalidades de expectativa.

5. Deixe a imagem ir embora, enquanto diz a si mesmo que você merece ter o que deseja.

Metáfora

Linguagem orgânica

Uma das coisas às quais devemos prestar uma atenção especial ao trabalharmos com alguém sobre questões de saúde é a linguagem orgânica: são afirmações metafóricas que se referem a partes do corpo. É comum as pessoas fazerem referências metafóricas relacionadas a problemas fisiológicos específicos. Em geral, o inconsciente parece interpretar literalmente a linguagem e reforça sintomas "sugeridos" pela pessoa, através da linguagem. Por exemplo, uma pessoa que tenha feito muita análise transacional, na qual se fala demais em "afagos, carícias" (em inglês, *giving strokes*), pode vir a ter um ataque (*stroke*, também em inglês).

Para que possam fazer uso dessa característica em seu trabalho, pensem na linguagem orgânica que, de alguma maneira, possa correlacionar-se com o problema que a pessoa está apresentando e comecem a usá-la nas afirmações que fizerem a ela. Observem mudanças fisiológicas que demonstrem que se está chegando perto do problema. A mente inconsciente da pessoa reagirá ao que lhe estiver sendo dito. Eis alguns exemplos de elementos a serem explorados. Lembrem-se de que são apenas exemplos representativos.

Problemas de pele: Teve de tomar alguma decisão dura? Está se coçando para conseguir alguma coisa? Acha que um relacionamento é uma questão de "pele"?

Úlcera, problemas de estômago: Fica remoendo os seus problemas? Alguma coisa enjoa você? Há coisas que não consegue "engolir"? Aconteceu alguma coisa que foi como um soco no estômago?

Dores de cabeça, problemas no pescoço: Muita gente lhe dá dor de cabeça? Você bate de frente com coisas ou pessoas? Está carregando o mundo nos seus ombros?

Problema de peso: Tudo o que faz é "pesado" para você? Seus problemas são muito "pesados"?

Problemas de visão: Há alguma coisa que não queira "encarar"? Ou algo que não queira "ver"? Você "olha de lado" para as pessoas? O que lhe acontece nunca é claro para você?

Prisão de ventre: Está sempre se "segurando"? Tem de "segurar" as rédeas do que acontece ao seu redor? "Guarda" sempre os seus problemas dentro de você?

Coração: Há alguma coisa ou alguém que seja um "peso no seu coração"? Nunca faz as coisas com verdadeiro sentimento?

Hemorróidas: Acha que deve sempre se reprimir, sem se abrir com os outros?

Uso as metáforas e a linguagem orgânica basicamente como um instrumento de diagnóstico. Por exemplo, há vários anos trabalhei com um senhor que apresentava um sintoma muito interessante. Seu sangue estava coagulando e sua circulação diminuíra. Ele comentou que estivera "fora de circulação" durante alguns anos por causa da sua doença e comentei: "Bem, o sangue é mais grosso do que a água". De repente, ele se deu conta de que os sintomas tinham começado dois anos antes, quando soube que sua filha estava morrendo de um tumor no cérebro. Ele não tinha como estravazar sua dor e tinha saído "de circulação".

Não acho que uma metáfora cause necessariamente uma doença. Pode ser que a doença seja, ao contrário, refletida na metáfora. De qualquer maneira, a metáfora pode nos oferecer informações importantes quando estamos trabalhando com alguém.

A metáfora como contexto para mudança

Tive uma experiência muito interessante ao ajudar uma senhora de trinta e poucos anos que tinha leucemia desde pequena. Metaforicamente, a leucemia são glóbulos brancos do sangue que se recusam a crescer — não atingem um nível de maturidade. O resultado é que, por causa da leucemia, a pessoa acabará sendo protegida como se fosse uma criança. As células não sabem o que fazer e continuam a se multiplicar, criando com isso vários tipos de problemas. A situação dessa senhora se complicou quando os médicos descobriram que também havia desenvolvido câncer de cólon. O tratamento para o cólon piorou a leucemia, e vice-versa, que a fez entrar num verdadeiro círculo vicioso. Nosso trabalho começou com o exame do que ela realmente queria. Fiz com que ela examinasse se queria ou não realmente ficar curada. Descobrimos que uma experiência de impressão fizera com que ela nunca quisesse crescer. Após uma reimpressão e uma remodelagem, passamos a trabalhar as "maneiras de fazer" aquilo que ela iria visualizar para verificar se seu sistema imunológico estava reagindo de maneira adequada.

Após esse trabalho, aconteceu uma coisa interessante. Ela foi ao hospital universitário para fazer alguns exames especiais. Quando fizeram o primeiro teste sangüíneo, a contagem dos glóbulos brancos do sangue foi de aproximadamente 53 mil por volume unitário (o normal seria entre 6 e 10 mil). Os funcionários do laboratório ficaram muito preocupados. Ela disse: "Esperem um momento. Estou sob muita tensão por causa da viagem até aqui. Se me derem um pouco de tempo, vou modificar esse resultado". Os médicos riram discretamente, mas ela começou a fazer sua visualização. Cerca de vinte minutos depois, feito novamente o teste, o volume por unidade descera para 12 mil. Os médicos acharam que haviam cometido um erro e pediram-lhe para repetir o teste. Ela consentiu e parou de fazer a visualização. Como a contagem subiu para 53 mil os médicos pensaram que o segundo teste havia sido mal-feito. Ela recomeçou a visualizar, e vinte minutos depois a contagem desceu para 12 mil. O teste foi repetido cinco vezes, até que finalmente os médicos concluíram que deveria estar ocorrendo um efeito placebo. Mas minha cliente obteve uma prova de que sua "maneira de fazer" estava dando certo.

Após os testes, o cirurgião quis marcar uma operação para retirar uma parte considerável do seu cólon. Ela adiou a operação para trabalhar um pouco mais consigo mesma. Ela agora possuía o "querer fazer" e tinha provado a si mesma que conhecia a "maneira de fazer". Ao trabalhar com o lado inconsciente que era responsável por sua saúde, ela lhe perguntou quanto tempo levaria para ficar curada. O seu "lado" teve uma atitude muito congruente — cerca de dezesseis dias.

Embora contrariado, seu médico concordou em adiar a cirurgia para que ela pudesse trabalhar com seu problema, mas fez questão de examiná-la com freqüência. Dez dias depois, não notando nenhuma diferença, ele ficou preocupado com o perigo que ela estava correndo por ter adiado a operação. Minha cliente concordou em marcar a operação para o 17º dia, mas apenas se ele concordasse em fazer novo exame no 16º dia, para ter certeza de que ela ainda precisaria da cirurgia. No 16º dia, ele a examinou e não encontrou nenhum resquício de tumor. Surpreso, disse que o câncer estava em processo de remissão, mas que poderia voltar a qualquer momento. A remissão é um conceito interessante. Posso dizer que meu resfriado está em processo de remissão há cinco anos. Todos os elementos que causam os resfriados ainda estão presentes, mas meu sistema imunológico está evitando que eles fiquem fora de controle.

Tive notícias dessa senhora há pouco tempo. Ela adotou uma criança, o que indica que permaneceu saudável e pretende viver ainda muito tempo. Ela contou que passou recentemente por uma bateria de testes durante mais de seis horas. Além de descobrir que ela não tinha mais sintomas de câncer de cólon ou de leucemia, os médicos não conseguiram encontrar nenhuma indicação de que ela havia tido uma ou outra doença. Ela disse que queria me agradecer por dois tipos importantes de crenças — crenças que eu considero serem a essência deste livro. Primeiro, por tê-la ajudado a criar uma crença de que as doenças são uma mensagem e, quando respondemos a essa mensagem, os sintomas em geral desaparecem sozinhos. Quando sabemos manter uma comunicação conosco e com nosso corpo, conseguimos manter a saúde.

A segunda crença é que em geral existem mensagens múltiplas e causas diversas de doenças. Se lidarmos com uma única causa, não estaremos levando em consideração o problema total. Se soubermos responder a todas as mensagens, no final recuperaremos a saúde. Ofereci a essa senhora uma metáfora sobre um pássaro fêmea e seus filhotes. Todos os filhotes gritam para serem alimentados. Se a mamãe pássaro alimentar um deles, os outros continuarão a gritar, e a gritaria nunca vai ter fim. E quando a mamãe pássaro passa a alimentar os outros, o que acabou de receber comida recomeça a gritar. Mas, se mantivermos uma abordagem equilibrada na comunicação com nossos lados diferentes (todos os vários filhotes), no final conseguiremos alimentar todos. Todos crescerão e conseguirão voar com suas próprias asas.

Era o que estava acontecendo com as células leucêmicas. Elas não estavam amadurecendo e gritavam para serem alimentadas. Além de ser uma metáfora, o que eu lhe disse serviu como um modelo de visualização.

Perguntas

Homem: Quais são as estatísticas de sucesso dos métodos de PNL que vocês criaram para problemas ligados à saúde? Sei que têm trabalho em conjunto com médicos. Há algum tipo de controle sendo feito?

Robert: Não posso lhe dar nenhum número específico em termos percentuais ou estatísticos. Uma das dificuldades de controle é que o tipo de trabalho que estamos fazendo envolve apenas um elemento da saúde. Muitos outros elementos contribuem para a saúde como um todo.

As reações e resultados do trabalho com as crenças têm sido muito diferentes. Em alguns caso, modificar as crenças limitantes é a gota d'água que faltava para encher o copo — o último elemento do quebra-cabeça, o último elemento da massa crítica de mudanças necessárias para que a pessoa recupere a saúde.

Tenho recebido relatórios de pessoas que se recuperaram de maneira fenomenal pelo simples fato de *observar* uma demonstração num seminário. Uma mulher que participava de um seminário tinha um cisto no ovário, sobre o qual nada tinha dito (nem a mim). Quando voltou para casa depois do seminário, o cisto havia desaparecido.

Em outra ocasião, eu estava trabalhando com uma pessoa sobre perda de peso e o câmera que estava gravando em vídeo o seminário modificou algumas crenças sobre si mesmo e perdeu quinze quilos. No mesmo seminário, a pessoa que estava encarregada da outra câmera de vídeo queria melhorar sua visão. Não tive oportunidade de trabalhar com ela diretamente. Entretanto, três semanas depois do programa, sua visão havia melhorado 60% e, um ano depois, a receita do oftalmologista mudou completamente. Ele não mais precisava usar óculos. São exemplos de grandes mudanças ocorridas com pessoas que nem estão sendo objeto do trabalho. Essa é uma das coisas boas sobre as crenças — elas são contagiosas.

Vou dar mais alguns exemplos de resultados obtidos com pessoas que sentiram diretamente o trabalho de mudança de crença. Os resultados dependem do tipo e da gravidade do problema.

Há alguns meses trabalhei com um homem que tem um problema grave de câncer. Ouvi dizer que ele tem tido recaídas e melhoras de saúde. Atualmente, sua saúde não está muito boa. Por outro lado, pessoas que me procuraram com problemas graves, como esclerose múltipla, obtiveram bons níveis de melhoria. Em geral, depois do trabalho, a pessoa muda e atinge um patamar. Há algum tempo, durante um seminário, fiz uma demonstração com uma mulher que sofria de uma artrite bastante grave. Um ano depois, quando voltei para dar outro seminário, os organizadores queriam trazê-la de volta para falar sobre suas mudanças. Tiveram dificuldade em conseguir que ela comparecesse, pois ela já tinha feito planos para passar o final de semana fazendo *windsurf* e equitação — o que era uma boa indicação das mudanças que obteve.

Tenho recebido informações sobre o resultado do trabalho que realizei com pessoas que tinham problema de peso. As mudanças que elas relataram foram positivas e duradouras. Às vezes, é necessária uma mudança de crença para que a pessoa possa encontrar o seu peso ideal.

Trabalhei com muitos pacientes de lúpus, uma doença em que o sistema imunológico ataca a si mesmo. A primeira mulher com quem trabalhei tinha acabado de receber o diagnóstico. Seus sintomas ainda não eram muito evidentes. Os resultados dos exames de sangue voltaram ao normal após o trabalho que fizemos. Recebi notícias dela um ano e meio depois, e ela ainda está bem. A outra mulher com lúpus com quem trabalhei já havia perdido ambos os rins e estava fazendo diálise. Ela me disse que sua atitude havia melhorado, seu relacionamento com a família estava bem melhor e ela se sentia muito bem. Evidentemente, ela não recuperou os rins.

Quando teve contato com o modelo de crenças, Tim estava tratando de uma terapeuta que tinha problemas de auto-estima e relacionamento. Ela havia recebido um resultado positivo de teste para a AIDS, que lhe havia sido transmitido pelo marido. Cerca de três meses após a terapia, os resultados foram negativos e continuam assim.

Tenho inúmeros exemplos dos bons resultados dessas técnicas em pessoas que foram treinadas por mim. Tim e Suzi trabalharam com uma senhora que havia recebido o diagnóstico de um tumor maligno na tireóide. Ela estava tão convencida de que a PNL poderia modificar seu estado que havia adiado por um mês a cirurgia, mesmo sob pressão do seu médico, que queria fazer a operação o mais rápido possível. Após duas sessões trabalhando com suas crenças, ela decidiu fazer a operação, embora o tumor tivesse diminuído. Quando foi feita a biópsia, os médicos descobriram que o tumor não era mais maligno.

No que diz respeito aos sujeitos de demonstração descritos neste livro, os resultados foram excelentes. Judy e Mary perderam peso. Tim e Suzi viram Mary há pouco tempo, e sem dúvida nenhuma seu corpo não tem mais a forma de uma pêra! O sistema imunológico de Bill recuperou inteiramente seu estado funcional. Cerca de seis meses depois, o teste de AIDS passou de positivo para negativo, para surpresa geral de seus médicos, e há dois anos mantém-se assim. Após a integração de conflitos de Dee, ela mesma pediu que dois gatos fossem trazidos à sala onde se realizava o seminário. Ela os segurou e brincou com eles, sem nenhum sinal de reação alérgica.

Todos sabemos que qualquer intervenção em um sistema tão complexo quanto o dos seres humanos dificilmente terá êxito total. O que procuramos atualmente é aumentar o nosso nível de sucesso em problemas ligados à saúde. Que tipo de sucesso vocês conseguiram ao trabalhar com este modelo?

Kate: Este modelo teve um grande impacto sobre meu trabalho. Obtive resultados impressionantes com meus clientes, porém não em todos os casos. É por isso que estou aqui. Quero obter mais informações sobre como trabalhar com tipos diferentes de pessoas. Há cerca de um mês, fiz um trabalho com minha mãe, que tinha um problema do sistema imunológico, que afetava os músculos da sua perna. Na semana passada, seus músculos tinham melhorado tanto que ela estava podendo dirigir, o que não fazia há mais de um ano.

Ken: Venho trabalhando com uma senhora desde o seminário que freqüentei há seis meses, quando aprendi a usar este modelo. Essa senhora mudou profundamente. Ela sofria de depressão crônica desde os oitos anos de idade, quando sua mãe morreu. Acho que ela não foi feliz até recentemente, quando usei com ela as técnicas de mudança de crença. Aliás, poderia dar dezenas de exemplos nos quais esse material funcionou magnificamente bem.

Homem: Você já colaborou com algumas das universidades ou institutos que estão trabalhando com problemas psicossomáticos?

Robert: Trabalhamos com a Faculdade de Medicina da Universidade de Miami. Lá foram criados alguns programas, mas ainda não recebi nenhum resultado estatístico. À medida que outros programas forem organizados, teremos acesso a mais estatísticas. Existem variáveis que talvez não permitam que as estatísticas pareçam muito positivas. Dependendo do que está acontecendo com a pessoa — sua ecologia, seu sistema familiar, lembranças da infância e outros fatores —, uma única sessão pode não ser suficiente para resolver todos os problemas.

Homem: A noção de câncer tem significados diferentes para várias pessoas. Pode falar um pouco sobre isso?

Robert: Vou dar o exemplo da minha mãe. Quando trabalhamos com o seu câncer de mama, tivemos de rever várias crenças populares e algumas crenças médicas sobre o que significa ter câncer. Por exemplo, algumas pessoas acreditam que o câncer provoca a morte. Entretanto, não é o câncer que causa a morte, mas a quebra do sistema imunológico. Portanto, é a reação do corpo ao câncer que provoca a morte. Não se morre diretamente por causa do câncer, e sim porque o sistema imunológico ou outros órgãos do corpo tornam-se tão enfraquecidos e destruídos que podem ser atacados por infecções ou parar de funcionar.

Algumas pessoas acreditam que o câncer é um invasor estranho e que temos de fazer algo excepcional para nos livrarmos dele. O câncer não é um invasor estranho. As células são parte do organismo. A pessoa precisa se transformar para criar um estado saudável — e não se livrar de alguma coisa.

Há ainda outra crença de que muitas pessoas têm câncer em algum momento da vida, e o importante é que o sistema imunológico seja saudável o suficiente para lidar com ele. Existem muitos exemplos de pessoas com remissões espontâneas. A razão de denominações, como "remissões espontâneas" é que ninguém sabe explicar o que causou a cura.

Às vezes, as crenças médicas entram em conflito com os métodos psicológicos de criar saúde. No caso de minha mãe, por exemplo, ela sentiu oposição por parte de alguns de seus médicos. Quando ela contou ao seu cirurgião sobre o trabalho que estávamos fazendo com seus conflitos internos, ele lhe disse que tudo aquilo não passava de bobagem e que iria levá-la à loucura. Quando tentei lhe explicar algumas das pesquisas e idéias que estão por trás da nossa abordagem, ele me olhou e disse: "Você não devia fazer experiências com sua mãe!". Entretanto, os médicos não estavam nos oferecendo nenhuma opção. Portanto, existem esses tipos de problemas.

Devido à forte influência que exercem sobre seus pacientes, os médicos podem facilmente abalar suas crenças. O paciente está se sentindo frágil e sofrendo de uma doença grave. Minha mãe e eu reconhecemos que a intenção dos médicos era positiva; eles não queriam que agíssemos de maneira irresponsável ou nos dar falsas esperanças. Em vez de rejeitar os médicos, reagimos às suas *intenções*, porém não às suas palavras.

Como resultado do trabalho que minha mãe e eu fizemos em 1982, ela agora está com saúde. Aqueles médicos a chamam de sua paciente "estrela". Ela mantém sua saúde e até fez um comercial para a televisão.

Quando lidamos com um processo como o câncer, podemos encontrar vários tipos de resistência. Na primeira sessão com um paciente nem sempre é possível prever que tipo de resistência à mudança irá surgir. As pessoas podem obter muitos ganhos em diferentes áreas, mas, como sofrem resistência do seu sistema ecológico interno, do sistema familiar, do sistema de trabalho e outros, a mudança de outras áreas pode ficar muito mais difícil.

Mulher: Acha que a atitude em relação à doença realmente faz diferença?

Robert: Não é apenas a atitude ou a mudança de crença que fará uma grande diferença. As crenças são um nível muito importante dos processos. A pessoa precisa manter um determinado estilo de vida, de alimentação, de relacionamentos etc. Uma das boas coisas sobre a atitude positiva é que ela gera outros tipos de mudanças.

As atitudes positivas mudam com o tempo. Mesmo alguém que consegue fazer um trabalho pessoal muito bom e muda profundamente pode ter dúvidas de vez em quando. É normal que isso aconteça, e a pessoa precisa de apoio durante os períodos de dúvida. Se ela perceber resistência, em vez de apoio, por parte das pessoas que são importantes para ela, isso pode criar um retrocesso.

Atitudes positivas não são estados estáticos. Se acordarmos com o pé esquerdo e tivermos uma briga com nosso companheiro, ou problemas no trabalho, as dúvidas podem aumentar. Por outro lado, alguém que faz uma profunda mudança de crença e fica mais receptivo, criando novos relacionamentos ou melhorando os antigos, estará reforçando sua atitude positiva. Estará criando um círculo que se autofortalece, e assim ele também está se fortalecendo constantemente. É importante enfatizar que é preciso mais do que simplesmente uma atitude positiva para superar uma doença grave. Quando uma pessoa diz: "Modifiquei minha crença e sei que posso ficar boa de novo", sem mudar seus hábitos alimentares, nem seus hábitos de ginástica, seu relacionamento em casa e no trabalho, não acho que ela tenha modificado sua crença ou vá ficar curada. Quando alguém *realmente* modifica uma crença, inúmeras mudanças ocorrem em sua vida.

Gostaria ainda de fazer outro comentário importante. A mudança de crenças não é necessariamente um processo longo, árduo e doloroso. O fato de ter levado quatro dias quando comecei a trabalhar com minha mãe não significa que este seja o período normal para todo mundo. Cada pessoa é diferente e tem diferentes necessidades.

Além do trabalho que estamos fazendo, a pessoa que tem um problema grave de saúde precisa de um sistema de apoio e também de reforço positivo. Isso fará uma grande diferença na sua capacidade de criar mudanças duradouras.

Homem: Como encaixar o tratamento médico neste modelo?

Robert: O trabalho com crenças não independe do tratamento médico ou está em oposição a ele. Enquanto se trabalha com as crenças pode-se usar também os métodos tradicionais de tratamento. Em geral a pessoa continua a precisar de tratamento médico. Poucos médicos diriam que crenças positivas sobre a saúde podem ser danosas, embora alguns fiquem preocupados com as "falsas esperanças". Vou lhes dar um exemplo de como trabalhei em conjunto com uma cliente e seu médico.

Há quatro ou cinco anos fiz um trabalho com uma moça de mais ou menos trinta anos que tinha câncer no reto. Havia muitas complicações a longo prazo. O médico que estabeleceu o diagnóstico recomendara uma colostomia. Em outras palavras, seu orifício retal seria fechado. Disse à minha cliente que achava que ninguém se importaria se ela procurasse uma segunda opinião.

Ela buscou uma segunda e depois uma terceira opinião. O segundo médico exclamou: "Colostomia! Você não vai precisar disso. A quimioterapia é o tratamento mais indicado no seu caso". O terceiro médico disse que a quimioterapia não era indicada por causa da natureza do tumor. Achava que ela deveria fazer radiação. Quando a moça voltou a me ver, estava mais confusa do que antes por causa das respostas diferentes que havia obtido dos médicos. Sugeri que, se ela acreditasse naquilo que escolhesse, sua escolha provavelmente seria a melhor para ela. Ajudei-a a escolher a terapia na qual acreditava mais e ela preferiu a radiação. Entretanto, tinha medo dos efeitos colaterais que a radiação poderia ter sobre os órgãos próximos ao local onde seria feita a terapia.

Fizemos uma série de trabalhos de crenças e ela curou-se do câncer fácil e rapidamente. O que impressionou seus médicos foi o fato de ela não sentir nenhum efeito colateral durante o tratamento. Ela não entrou em menopausa prematura, não perdeu o apetite, não ficou deprimida nem amedrontada. Os médicos pediram que escrevesse um folheto para os outros pacientes sobre como evitar os efeitos colaterais negativos. Aliás, atualmente, ela está completamente curada.

Tom: Pode falar mais um pouco sobre os vínculos de reforço positivo que devem ser criados?

Robert: Uma coisa que faz uma grande diferença, no caso de uma doença fatal, é a pessoa ter um "objetivo" e uma razão de viver. Não se trata apenas do seu relacionamento consigo mesma ou das imagens que tem de seus objetivos de saúde. A vontade de viver não se baseia apenas em criar uma imagem clara do tumor desaparecendo. Está mais relacionada ao que significa para ela ver o tumor desaparecer. Se ele desaparecer, quem a pessoa passará a ser? O que um estado saudável vai lhe permitir fazer? Descobri que é muito útil ajudar a pessoa a definir sua missão na vida. Se ela não tem uma razão para viver, por que vai se preocupar em se curar?

Michael: Já trabalhei em hospital. Muitos pacientes com quem trabalhei diziam, de maneira congruente: "Minha vida acabou. Já cumpri minha missão na terra e chegou o momento de eu ir embora". Sinto que esse tipo de afirmação seja um resultado da crença de que não são capazes de ver ou imaginar um futuro para si mesmos. O que acha?

Robert: O que Michael está dizendo é que a vida não é eterna. Como saber se uma pessoa está dizendo de maneira realmente congruente "Já fiz o que tinha de fazer e agora o meu tempo acabou?" Sem dúvida, quando lidamos com a morte, há momentos em que é necessário respeitar o fato de que o desejo de morrer que a pessoa sente é adequado. Também pode ser que a pessoa creia que sua vida acabou por causa das limitações do seu sistema de crenças ou de identidade. Aquela identidade realmente acabou, mas isso não significa necessariamente que todos os demais aspectos da vida também acabaram. Na verdade, acho que o termo "remissão" é muito adequado para definir a recuperação de doenças consideradas fatais. As remissões geralmente acontecem depois que a pessoa estabeleceu uma nova missão, ou seja, uma "re-missão".

Nunca se deve tomar a decisão por outra pessoa. Cabe a ela decidir se deve ou não continuar vivendo. O trabalho com a PNL e as crenças nos permite passar a um nível diferente com a pessoa e dizer: "Não sei se é melhor para você viver ou morrer. O que eu vou fazer é ajudá-lo a tornar-se mais congruente a respeito dos seus desejos". Devemos ter certeza de que a pessoa não está lidando com uma série de conflitos internos sobre viver ou morrer. Devemos ajudá-la a lidar com qualquer tipo de situação ou impressões do passado que ainda lhe causam problemas. Para poder tomar uma decisão a respeito da vida ou da morte, a pessoa deve estar "limpa", "receptiva" e "em equilíbrio" consigo mesma e com o mundo que a cerca. Quando ela estiver realmente congruente, poderá fazer a opção.

Mulher: De que maneira trabalhar com uma crença sobre a saúde é diferente de trabalhar com uma crença não relacionada à saúde?

Robert: Os métodos de identificação de crenças e os instrumentos usados são idênticos. Em geral, problemas de relacionamento, conflitos internos, comportamentos inibidores e outros, provocam ou reforçam sintomas físicos. Estados e emoções diferentes criam equilíbrios químicos diferentes no corpo e proporcionam condições para que a doença apareça. Quando ajudamos alguém a solucionar um conflito de identidade, em geral cuidamos das condições internas que provocam a doença.

Fred: Você acha que todas as doenças estão ligadas a crenças?

Robert: A doença é resultado da interação dos sistemas neurológico e biológico. Trata-se de um processo sistêmico que não está relacionado apenas a uma única causa. Algumas doenças envolvem interações sistêmicas bastante complexas, outras são mais simples. Na verdade, alguns problemas físicos, como muitas das reações alérgicas, são fenômenos de estímulo/resposta e podem ser modificados com processos mentais rápidos e simples, como veremos no capítulo a seguir.

Notas

1. Vide o método nº 1 dos Simonton, descrito no capítulo 4, sobre reimpressão.

2. Shakti Gawain, *Creative Visualization*; Adelaide Bry, *Visualization: directing the Movies of your Mind*; José Silva, *The Silva Method of Mind Control*; Carl Simonton, *Com a vida de novo* (publicado no Brasil pela Summus Editorial) etc.

3. Ver anexo: Condições de boa formulação de objetivos.

8

Alergias

No primeiro seminário sobre crenças e saúde que realizei, um dos oradores, o dr. Michael Levi (pesquisador no campo de imunologia e genética e ganhador do Prêmio da Associação Internacional de Saúde, graças ao seu trabalho conclusivo, nos anos 50, que demonstrava que os vírus são infecções), comentou comigo que uma alergia era como uma fobia do sistema imunológico. O comentário me intrigou, porque veio ao encontro da minha intuição e a outras observações que eu estava fazendo no momento.

Eu conhecera várias pessoas alérgicas que, enquanto dormiam ou estavam distraídas, passavam por uma mudança imediata dos sintomas. Isto era uma indicação de que havia algo funcionando tanto no nível neurológico como fisiológico. É fato sabido que as pessoas podem ser dessensibilizadas em relação a alergias ou "deixar de ser" alérgicas. Também já foram observados casos de alergia que desaparecem espontaneamente após uma sessão de terapia. Portanto, a idéia da alergia como uma fobia do sistema imunológico parecia funcionar bem como metáfora. Daí surgiu a semente de um processo que criei para lidar com reações alérgicas.

Com base na afirmação do dr. Levi e no fato de que já existia um processo de PNL para curar fobias antigas num prazo relativamente curto, fiquei imaginando se os mesmos princípios poderiam ser adaptados às reações alérgicas.

Comecei a aplicar esse raciocínio a pessoas alérgicas, para descobrir se daria certo. No início, trabalhei usando um instrumento de *biofeedback* que criara para medir mudanças físicas sutis.[1] Com ele, pude descobrir os tipos de processos mentais encontrados nos problemas de alergia. Desta pesquisa nasceu o processo de alergia com o uso de três âncoras. Tim e Suzi resumiram essa técnica no processo rápido de cura de alergia, que também será demonstrado e explicado neste capítulo. Os exemplos a seguir foram transcritos de sessões gravadas, realizadas em dois seminários diferentes.

Gostaria de fazer uma *advertência* aos nossos leitores. O trabalho com alergias, como aliás com qualquer outro problema de saúde, não dispensa acompanhamento médico. Algumas alergias podem provocar choques anafiláticos graves e até fatais. Antes de usar qualquer uma das técnicas aqui apresentadas, o terapeuta deve certificar-se de que seu cliente está sob os cuidados de um médico competente. (Evidentemente, esta advertência serve para todas as técnicas descritas neste livro.)

Também acredito que, já que é possível influenciar o sistema imunológico no que se refere às reações alérgicas, esses princípios podem ser estendidos a problemas mais profundos e generalizados do sistema imunológico, tais como o câncer, a AIDS, o lúpus, a artrite e muitos outros problemas sistêmicos que têm como ponto central o comportamento do sistema imunológico.

Exemplo de cura rápida de alergia

O exemplo a seguir foi dado na Conferência Nacional da Associação Nacional de Programação Neurolingüística, realizada em Chicago, no Estado de Illinois, em 1988.

Suzi: Muito bem, Lynda. Você diz que é alérgica a feno, a capim ou a grama.

Lynda: É verdade. Fiz testes de alergia e sei que o capim-derebanho é o pior para mim. Quando a grama está sendo cortada, sinto-me mal. Tenho cavalos, por isso é muito chato ser alérgica a feno.

Suzi: Imagino que sim. Se tivéssemos um pouco de grama sendo cortada aqui na sala agora, o que você estaria sentindo?

Lynda: Primeiro, começaria a ficar inchada e o nariz passaria a escorrer. O céu da boca começaria a coçar e meus olhos ficariam vermelhos e lacrimejantes.

Suzi: Então, apenas para testar, imagine que temos um pouco de grama aqui na sala. E que você está tendo...

(Lynda passa a ter a reação e começa a rir.)

Suzi: Ótimo! (*O grupo ri também.*) Pode parar! Só queria calibrar o seu estado.

(Para o grupo): Ela acabou de demonstrar uma coisa interessante a respeito de alergia. As pessoas podem criar a reação apenas pensando no que provoca a alergia. No final do século passado, um médico chamado Mackensie, que estava tratando de uma mulher que tinha uma alergia violenta a rosas, descobriu que, se lhe mostrasse uma flor artificial muito bem-feita, ela teria uma reação bastante violenta.[2] Lynda também está nos mostrando o poder da mente. Só de pensar na grama ela fica prestes a ter a reação que teria normalmente.

(Para Lynda): Quanto tempo você leva para começar a ter a reação? Parece que a reação é imediata, certo? Se ficar exposta ao alérgeno bastante tempo, você piora?

Lynda: A reação é imediata, e enquanto o alérgeno está por perto ela continua, a não ser que eu tome um remédio. Mas, se eu abandonar o local, os sintomas desaparecem.

Suzi: Há quanto tempo vem tendo essa alergia?

Lynda (pára para pensar): Desde que tinha onze ou doze anos.

Suzi: Há muito tempo que tem esse problema. A maior parte da sua vida.

Não sei se você conhece o funcionamento do sistema imunológico. É bem interessante. O que acontece durante um ataque alérgico é que seu sistema imunológico reage em excesso e torna-se superativo.

Existem diversos tipos de células, cada uma com uma função diferente. A célula macrofagócita é a que normalmente tomaria conta de coisas que são inspiradas, como grama, poeira ou feno (substâncias inócuas). Essas células são as "catadoras". Parecem polvos com longos tentáculos, que se esticam e ingerem qualquer substância estranha que penetre no corpo.

Quando uma célula macrofagócita encontra um vírus, ela ingere parte dele e exibe o resto como se fosse uma bandeira. É quase como uma bandeira da vitória que está sendo exposta para alertar o resto do sistema imunológico de que o corpo foi invadido.

A bandeira alerta as células T "de assistência" para um possível perigo. A função dessas células T é comparar os vãos na lateral da bandeira que está sendo hasteada com os vãos que possuem nas laterais para indicar que determinadas substâncias são perigosas. Se os vãos foram iguais, elas aderem à substância e enviam *imediatamente* uma mensagem de socorro às células T "matadoras". Prontas para a luta, as células T "matadoras" dirigem-se rapidamente ao local onde a bandeira foi hasteada e explodem o vírus, injetando uma substância química nele.

Lynda: Quais das células eles explodem?

Suzi: Aquelas que estão no local onde a célula macrofagócita levantou a bandeira. Isso funciona bem se houver realmente um vírus ou uma bactéria no local, mas, no caso da alergia, a célula T "matadora" ataca as células saudáveis. Uma das substâncias químicas liberadas durante a explosão da célula é a histamina, responsável pelo nariz que escorre, pela coceira e por outros sintomas que acompanham a reação ao feno.

Recapitulando, o sistema imunológico cometeu um erro a respeito do que considerava perigoso e marcou substâncias que colocaram a parte ativa do sistema imunológico em ação. Desde que esse erro foi cometido e a célula foi codificada no corpo, o sistema imunológico entra imediatamente em ação todas as vezes que é solicitado daquela maneira.

Devemos agradecer ao nosso sistema imunológico por funcionar dessa maneira. A partir do momento em que um vírus ou uma bactéria forem marcados, o sistema imunológico entra em ação para reagir ao perigo. Porém, não é nada agradável vê-lo entrar em ação se não há perigo nenhum.

(Para Lynda): Já que seu sistema imunológico aprendeu tão rápido, isto significa que ele pode ser ensinado. Agora, precisamos ensinar-lhe uma nova reação. Queremos mostrar-lhe que a reação que está tendo não é necessária. Vamos mostrar-lhe uma reação mais adequada. Vamos dizer ao sistema imunológico: "Não tenha essa reação, *esta aqui*". (*Gesticulando com uma mão de cada vez.*) "Não essa, e sim *esta aqui*". Trata-se de uma simples questão de remodelagem.

(Para o grupo): Antes de começar, vamos fazer uma verificação de ecologia.

(Para Lynda): Se você não tivesse essa reação ao feno e a capim, que tipo de vida teria? Quais seriam as conseqüências?

Lynda: Bem, os sintomas diminuíram nos últimos dez ou quinze anos, e por isso acho que minha energia continua aumentando. E eu só perderia essa parte, que é um lixo.

Suzi: Acha que haveria alguma conseqüência negativa? Você teria algum motivo para *não* eliminar esses sintomas?

Lynda: Não vejo nenhum.

Suzi: O que quero dizer é que talvez você não deseje passar tanto tempo com seus cavalos, deixando de fazer outras coisas.

Lynda (*rindo*): Não. Isso não iria afetar o tempo que passo com eles, pois eu não deixaria isso acontecer.

Suzi: Eu e Tim estávamos aplicando este processo a um senhor que era alérgico a grama e a reação que ele teve foi: "Ah! Então eu seria obrigado a aparar a grama! Quem faz isso para mim é a minha mulher!".

(Para o grupo): Queremos ter certeza de que não estamos lidando com nenhum ganho secundário que possa existir. Por exemplo,

uma criança asmática recebe muita atenção por estar doente. Neste caso específico, ajudamos a criança a obter atenção por outros meios, sem que ela tenha de desenvolver asma ou outro tipo de alergia.

Parece-me que não existem problemas sérios de ecologia caso Lynda desista da alergia, nem pelo que ela diz, nem por nenhuma incongruênia não-verbal.

(Para Lynda): Há algum outro elemento semelhante ao capim, à grama ou ao feno que *não* provoque esse erro por parte do seu organismo? Algum tipo de folha, por exemplo?

Lynda: Plantas de interior, por exemplo?

Suzi: Perfeito. Você não sente nenhuma reação a plantas de interior? Em outras palavras, seu sistema imunológico não comete erros em relação a elas?

Lynda: Sinto-me bem quando estou perto de plantas.

Suzi: Estamos procurando um contra-exemplo próximo da substância que vem criando uma reação. Quanto mais parecido, melhor.

Volte ao passado e *esteja totalmente presente* junto às plantas de sua casa. *Totalmente presente*. Quero que seu sistema imunológico preste *muita atenção* à maneira como reage quando você está perto das plantas da sua casa. Faça com que seu sistema imunológico preste muita atenção à maneira como funciona nessas circunstâncias. (*Ancora o estado.*) Muito bem.

(Para o grupo): Estou me certificando de que tenho uma âncora forte do contra-exemplo. É necessário associar a pessoa a uma situação específica, antes de ancorá-la.

(Para Lynda): Lynda, agora quero que imagine que um vidro *atravessa inteiramente esta sala*, de uma parede a outra, protegendo você. E, *lá do outro lado* do vidro, você pode ver a outra Lynda que tem a reação que acabamos de observar. (*Continua a segurar a âncora.*) Aquela Lynda tem um sistema imunológico que sabe reagir de maneira adequada às plantas de sua casa. E, ao ver a Lynda que está do outro lado, *você sabe* que ela possui um sistema imunológico capaz de reagir de maneira adequada. (*Pausa.*) Muito bem, *agora* quero que você, muito delicadamente, coloque aquela Lynda numa situação na qual ela estaria perto de capim. O mesmo tipo de capim que criava problema para ela — capim-de-rebanho — ou qualquer outro tipo de capim ou grama. Veja a Lynda do outro lado do vidro, *sabendo* que ela possui a *reação* que ancoramos *totalmente disponível*. Seu sistema imunológico *sabe* reagir adequadamente. E você poderá notar que *aquela* Lynda está mudando *à medida que* toca o capim. Talvez no início lhe pareça estranho. (*Pausa.*) E preste atenção àquela reação, que é semelhante, *agora*, à que ela tem quando está perto de plantas. (*Pausa.*) Muito bem. Isso mesmo.

(Para Lynda): Agora, quero que vá do outro lado do vidro e reúna aquelas Lyndas que lá estão, trazendo-as para dentro desta Lynda que está sentada aqui. Volte a prestar atenção em mim. Imagine que neste exato momento alguém está cortando a grama nesta sala. Aliás, a pessoa está cortando capim-de-rebanho, e seu sistema imunológico ainda está *totalmente* intacto, funcionando da maneira como você deseja. Ele sabe *exatamente* como reagir adequadamente. E isso acontece enquanto imagina estar vendo capim-de-rebanho... enquanto você está aqui, do meu lado. (*Pausa.*) E você está bem à vontade. (*Pausa.*) Isso mesmo.

Agora, quero que imagine que dentro de muito pouco tempo você terá de ter contato com capim-de-rebanho, feno ou grama. Gostaria que imaginasse estar alimentando os seus cavalos.

Lynda: Tudo bem.

Suzi: E quero que seu sistema imunológico fique atento, pois ele agora sabe a reação adequada que deve ter quando você estiver em presença desses elementos. (*Pausa.*) Muito bem.

(Para o grupo): Vamos deixar que ela assimile isso durante alguns minutos. O que acontece nestes casos é semelhante ao que ocorre no processo de fobia. O cliente fica em dúvida por alguns momentos e diz: "Espere um pouco. Não sei o que está acontecendo. Não *deveria* ser tão fácil nem estar funcionando tão bem".

Vocês têm perguntas para Lynda sobre o que aconteceu com ela?

Homem: Quando você estava imaginando que estava diante do alérgeno, teve algum tipo de sensação?

Lynda: Só um pouquinho. Uma certa sensação na parte de trás do centro do meu rosto, se é que dá para entender o que estou dizendo. Foi a única sensação meio parecida com a que normalmente sinto. Era como o início da antiga reação, mas não foi adiante.

Mulher: Como foi a reorganização do seu sistema imunológico?

Lynda: Semelhante a uma âncora que está sendo desintegrada. É como se algo estivesse sendo ligado novamente. Senti que alguma coisa estava acontecendo.

Suzi: É uma ótima descrição. A mudança *realmente* foi fundo na sua neurologia.

(*Para Lynda*): Agora que está tudo resolvido, imagine, como fez quando começamos nosso trabalho, que está respirando um *grande monte de capim-de-rebanho*. (*Faz uma pausa e retoma suavemente.*) E observe o que acontece dentro de você. (*Pausa.*) Agora, tente com força reviver aquela antiga reação. (*Mais suavemente.*) Com bastante força. (*Pausa.*)

Linda (*rindo*): Ainda estou na defensiva, esperando que algo aconteça.

Suzi (*para o grupo*): Vocês, que estavam calibrando, acham que a reação foi a mesma que ela teve *antes* de começarmos o processo?

Grupo: Não.

Suzi: Ela ainda está na defensiva; e com razão. Ela tinha onze ou doze anos quando começou a ter essa reação. Ela ainda está esperando ter a reação, porque o estímulo sempre provocou aquele tipo de reação.

(*Para Lynda*): E você ficará *agradavelmente surpresa* quando estiver fora daqui, esperando ter a antiga reação, e pensar: "A reação não aconteceu. Posso desfrutar da companhia dos meus cavalos sem problema".

Lynda: Tudo bem.

Suzi (*mais suavemente*): Nada demais acontecerá quando estiver fora daqui. E você pode agradecer ao seu sistema imunológico por reagir de maneira tão eficiente.

Lynda: Obrigada.

Suzi: Este é um processo que você pode usar facilmente sozinha. Você contou que era alérgica a várias outras coisas.

Lynda: É verdade, existem outras coisas. A alergia ao feno era, porém, a mais grave de todas.

Suzi: Bem, se você for uma pessoa que *consegue generalizar com facilidade*, gostaria que não *pensasse nas outras coisas que poderão dar certo com este processo*.

Lynda (*rindo*): Tudo bem.

Suzi: Faça com que o seu sistema imunológico reveja o processo automaticamente para você... para que você não precise fazê-lo de maneira consciente. As pessoas aprendem com muita facilidade, e não há motivo para que esse processo não possa prosseguir e se alastrar a outras substâncias, sem que você precise se preocupar com isso.

Perguntas

Mulher: E se a pessoa não souber a que substância ela é alérgica?

Suzi: Evidentemente, é muito mais difícil achar um contra-exemplo se não sabemos qual é o alérgeno. No caso da febre do feno, quando a pessoa sabe apenas que se trata de "algo no ar", pode-se tentar usar farinha, poeira ou fibras de tecido flutuando no ar como contra-exemplo. Pode-se também usar o ar em outras épocas do ano, quando a pessoa reage de maneira adequada.

Homem: Algumas pessoas, ao fazerem o teste de alergia, descobrem que são alérgicas a praticamente tudo. Mas há momentos em que reagem ao alérgeno e outros em que a reação não aparece. O que será que acontece?

Suzi: Isso pode significar que o alérgeno está relacionado a uma reação de estresse e ao estado emocional. Isto mostra que outro elemento deve ser incluído na intervenção, como por exemplo ensinar a pessoa a reagir de maneira diferente diante da situação que provoca o estresse. Alguns de vocês que têm febre do feno já notaram como há anos em que a reação é pior do que em outros? Se examinarem a situação com cuidado, talvez verifiquem que o que provocou a reação foi o que estava acontecendo naquela fase de suas vidas, e não a quantidade de pólen. O estado interno da pessoa é que causa a diferença.

Homem: O que deve ser feito quando a reação volta?

Suzi: Se, de algum modo, a reação for recriada, repita o processo, o que normalmente leva apenas cinco minutos. Verifique mais uma vez a adequação do seu contra-exemplo e a ecologia, especialmente as crenças que estão atrapalhando. Talvez você precise fazer uma reimpressão ou integração do conflito.

Mulher: Você já utilizou isso com crianças?

Suzi: Sim, e funciona muito bem. A mais jovem de que ouvimos falar tinha 3 anos.

Homem: O que fazer se o processo não funcionar?

Suzi: Talvez a pessoa não esteja usando o contra-exemplo adequado. Quanto mais próximo do alérgeno for o contra-exemplo, melhor será. No caso de alergia a leite de vaca, será que a pessoa consegue beber leite de cabra ou de soja? Se ela for alérgica a todos os tipos de leite, talvez haja algum líquido branco que não lhe faça mal, como leite de coco, por exemplo. Acho melhor que a própria pessoa escolha o seu contra-exemplo, mas as sugestões são geralmente úteis.

Outras razões para que o processo não funcione estão relacionadas ao ganho secundário e à ecologia. As questões de ecologia talvez não apareçam no início do processo — talvez só surjam quando a pessoa estiver fazendo a ponte para o futuro. Talvez seja preciso fazer uma remodelagem, um gerador de novos comportamentos, reimpressão, mudança de história pessoal e outros, para lidar com os ganhos secundários antes de tratar do sistema imunológico.

Em terceiro lugar, pode haver uma impressão subjacente que seja a base real da alergia. Nunca é demais verificar se houve uma experiência de impressão não resolvida antes de aplicar o processo de alergia. Só assim estaremos sendo realmente *cuidadosos*.

Mulher: Já usou este método com alergias fatais?

Suzi: Já, e se você fosse minha cliente e sofresse de uma alergia fatal, eu insistiria que fizesse os testes médicos necessários para ter certeza de que não sentia mais a reação. Quando lidamos com casos graves de alergia, sejam fatais ou com sintomas muito desagradáveis, é bom usar a dissociação em três lugares... como se fosse uma fobia. O objetivo é afastar a pessoa o mais possível, para que não retome os sintomas.

Resumo do processo de cura rápida da alergia

1. Calibre a sensação. Pergunte: "Como se sente na presença de um alérgeno?" Observe a fisiologia, as pistas de acesso visuais, a respiração etc.

2. Explique o erro do sistema imunológico. Explique que o sistema imunológico cometeu um erro quanto à periculosidade de alguma coisa. O sistema imunológico marcou algo como se fosse perigoso, quando não o era. Ele pode reaprender rapidamente.

3. Examine os ganhos secundários e a ecologia. Como seria a vida da pessoa sem a alergia? Existem conseqüências negativas ou positivas? Use as técnicas de PNL que sejam necessárias para tratar dos problemas de ecologia antes de ir em frente.

4. Encontre um contra-exemplo adequado. Encontre um contra-exemplo o mais semelhante possível ao alérgeno, um elemento ao qual o sistema imunológico reaja de maneira adequada. Ancore a reação e *segure a âncora durante todo o processo*. Certifique-se de que a pessoa está associada enquanto dispara a âncora. Se possível, deixe que a própria pessoa encontre o seu contra-exemplo.

5. Faça com que a pessoa se dissocie. A proteção de um "vidro" de uma parede à outra da sala é uma maneira fácil de estabelecer uma dissociação. *Enquanto segura a âncora*, peça à pessoa que se veja do outro lado do vidro, com os recursos necessários. Use uma linguagem suave para sugerir ao cliente que ele é "a *pessoa* que deseja ser" e que "o seu sistema imunológico funciona de maneira adequada".

6. Gradativamente, introduza o alérgeno. Enquanto a pessoa vê a si mesma do outro lado do vidro, faça com que ela lentamente introduza o alérgeno, ou seja, *o elemento que costumava provocar o problema*. Faça isso gradativamente, dando à pessoa a oportunidade de se acostumar à nova reação. *Neste ponto, espere um pouco, até notar uma mudança fisiológica*. É como se o sistema imunológico dissesse: "Tudo bem, já entendi, vou modificar as marcas na minha bandeira, para que não correspondam a nenhuma das células T que possuo".

7. Reassocie. Traga a pessoa de volta ao seu corpo e peça-lhe que imagine que está na presença do alérgeno, enquanto continua a apertar a âncora de recursos.

8. Ponte para o futuro. Peça à pessoa que imagine um momento no futuro em que estará perto do elemento que lhe provocava a alergia.

9. Teste. Se puder testar corretamente na hora, faça-o. Se não, recalibre para verificar se mudaram a fisiologia, as pistas visuais de acesso, a respiração etc.

Resumo do processo de cura de alergia com três âncoras

Este é o processo que Robert Dilts começou a usar quando iniciou seu trabalho com alergias. A única diferença com relação à técnica descrita anteriormente é que este processo usa três âncoras simultaneamente (uma para a dissociação, uma para o contra-exemplo e uma âncora de recursos), em vez de apenas um contra-exemplo.

1. Calibre.
2. Explique o erro do sistema imunológico.
3. Verifique se existem ganhos secundários ou problemas de ecologia.
4. a. Peça à pessoa que se dissocie e ancore o estado de dissociação. Isto lhe dará uma segurança extra de que a pessoa se encontra dissociada.
   b. Encontre um contra-exemplo adequado a ser usado com recurso e ancore-o. Este passo é o mesmo do processo anterior.
   c. Pergunte à pessoa como ela deseja se sentir quando estiver na presença do alérgeno. A resposta pode indicar o desejo de "ser a pessoa que deseja ser" naquela situação. Ancore também este recurso.
5. Use as três âncoras criadas na etapa nº 4 para que a pessoa possa se ver com todos os recursos de que dispõe.
6. Aos poucos, introduza o alérgeno na situação de estado dissociado.
7. Solte a âncora de dissociação e peça à pessoa que se reassocie, mantendo as outras duas âncoras.
8. Faça a ponte para o futuro usando as duas âncoras de recurso.
9. Teste.

Primeiro plano/segundo plano

O próximo procedimento que iremos examinar chama-se "imagem/base" ou "primeiro plano/segundo plano". Robert criou esta técnica após ter lido sobre algumas experiências feitas por Pavlov com cães.[3]

Todos sabem que Pavlov foi um cientista russo que fez várias experiências sobre o fenômeno estímulo — resposta. Em uma dessas experiências, ele condicionou um cão para que salivasse toda vez que ouvisse uma campainha, uma sineta e um tom simultaneamente. Pavlov descobriu que cada um dos sons tinha um valor diferente para a salivação do cão. A campainha fazia com que o animal soltasse dez gotas de saliva; a sineta, cinco; e o tom, duas. Em outras palavras, a campainha estava em "primeiro plano" entre os sons que o cão ouvia, isto é, ele prestava mais atenção à campainha do que à sineta ou ao tom. O tom, estímulo de menor valor, estava em segundo plano.

Pavlov descobriu que, se inibisse a reação do cão ao tom, de forma que ele não salivasse ao ouvi-lo (portanto, ele passava a ter valor zero), e em seguida reintroduzisse o tom juntamente com a campainha e a sineta, o valor dos sons em conjunto caía a zero. Os três sons combinados deixavam de servir como estímulo para a salivação.

Este mesmo princípio pode ser aplicado a alergias e outros problemas de estímulo — resposta. Pode-se usar a técnica primeiro plano/segundo plano quando existe um estímulo específico dentro de um contexto definido. Essa técnica já foi aplicada a fobias, a reações desagradáveis provocadas pelo som da broca do dentista, a reações negativas a tons de voz desagradáveis etc.

Demonstração da técnica primeiro plano/segundo plano

Tim: Alguém do grupo ainda tem alergia?

Gary: Sou alérgico a uma árvore chamada choupo-do-canadá. Quando é época da queda das folhas, fico congestionado. E notei que, quanto mais presto atenção aos sintomas, mais eles pioram. Quando estou absorto em outras atividades, os sintomas não são tão fortes.

Suzi: Ótimo. Talvez possamos ajudá-lo a *realmente* observar outras coisas.

Tim: O que acontece quando está perto do choupo-do-canadá?

Gary (*revela tensão ao redor dos olhos e a cor de sua pele fica desigual*): Meus olhos começam a coçar e meu nariz fica congestionado.

Tim: Se houvesse penugem de choupo-do-canadá nesta sala, isso o incomodaria?

Gary: Muito.

Tim: Gosta de pinheiros? Acho que você não sente nada perto de pinheiros. (*Cinestesicamente, ancora o braço de Gary quando ele começa a pensar nos pinheiros.*)

Tim (*abruptamente, enquanto segura a âncora do "pinheiro"*): Como sente os tênis que está usando? (*Cria uma associação entre a sensação que Gary tem nos pés e o que ele sente em relação a pinheiros.*)

Tim (*soltando a âncora*): E os choupos-do-canadá? Quando passeia perto deles, como se sente?

Gary (*confuso, pisca várias vezes, muda de estado, passando à fisiologia associada aos choupos-do-canadá*): Só um minuto...

Suzi: Isto é que chamamos de queimar os circuitos.

Gary: É como um choque. (*Fica sentado calmamente durante alguns minutos.*)

Tim: Como se sente agora, se pensar em choupos-do-canadá? Sente alguma das antigas reações?

Gary: ... Não.

Suzi: Imagine a sala cheia de flocos brancos de choupos-do-canadá.

Gary: Vou tentar (*sem demonstrar nada da fisiologia anterior quando pensou em choupos-do-canadá*). Quando penso no passado, quando tinha a reação alérgica, é como se ela nunca tivesse existido. Isso é bem estranho.

Tim (para o grupo): Trata-se de um processo que pode ser facilmente aplicado sem que a pessoa perceba, porque é muito rápido. Sua aplicação em terapia familiar, reuniões de negócios e terapia com casais é eficaz porque funciona no nível de reações visuais ou auditivas ancoradas.

Suzi (para o grupo): Vou explicar o que Tim fez com Gary. Os choupos-do-canadá estavam inicialmente em primeiro plano na percepção de Gary. Seus pés, que estão sempre presentes, estavam em segundo plano.

Tim: Assim, nós criamos uma forte associação entre seus pés e um contra-exemplo (os pinheiros) ao qual ele não tinha reação imunológica. Como o contra-exemplo do pinheiro está muito próximo do exemplo dos choupos-do-canadá no raciocínio de Gary, a técnica pode funcionar.

Homem: Como fazer isso sem que a pessoa perceba?

Tim: Ninguém que não conhecesse a técnica conseguiria perceber o que fiz. Outro exemplo aconteceu há pouco tempo, quando estava conversando com um homem que usava um casaco e uma gravata. Ele me contava que estava tendo problemas com a esposa porque ela ficava resmungando quando ele lhe telefonava do trabalho. Parti do princípio de que ele tinha criado uma âncora negativa ao tom de voz da esposa sempre que ela se punha a "resmungar". Então, eu lhe disse que ficava feliz por não ter de usar uma gravata e perguntei-lhe se aquilo o incomodava. Enquanto ele pensava se a gravata o incomodava ou não, ancorei a reação visualmente segurando um nó de gravata imaginário no meu pescoço. Em seguida, perguntei-lhe se se lembrava de ter tido conversas com a esposa nas quais se sentia *realmente* interessado no que ela dizia e, ao mesmo tempo, disparei a âncora visual de segurar o nó de gravata imaginário. Quando lhe perguntei de novo como é que a esposa "resmungava", sua reação foi bastante diferente da primeira. Disse que talvez ela nem "resmungasse" tanto assim. Ele não sabia, conscientemente, o que tinha acontecido, mas tenho certeza de que sua mente inconsciente tinha aprovado o que eu havia feito, assim como sei que sua mulher vai aprovar quando ele começar a ouvi-la.

O importante neste caso é encontrar um contra-exemplo que seja "bastante próximo" da maneira de generalizar da pessoa. O melhor tipo de contra-exemplo é uma ocasião em que a pessoa deixou de ter a reação desagradável na mesma situação que a incomodava anteriormente. Por exemplo, eu poderia ter perguntado a Gary se ele tinha estado próximo a flocos de choupos-do-canadá sem ter a reação alérgica. O segundo melhor contra-exemplo é algo que a pessoa enquadra na mesma categoria (árvores, no caso de Gary) ou no mesmo tipo de comportamento (conversas, no exemplo do homem da gravata).

Suzi: Quando vimos Robert trabalhar pela primeira vez com um caso semelhante, tratava-se de uma mulher que ficava ansiosa quando ouvia o barulho da broca do dentista. Robert pediu-lhe um contra-exemplo... algo que tivesse um som parecido com o da broca do dentista, mas ao qual não tivesse nenhuma reação. Ela pensou no liquidificador. A técnica não funcionou com esse contra-exemplo. O fato é que o elemento principal, neste caso, é que *ela* controlava o liquidificador, enquanto o *dentista* controlava a broca. O secador de cabelos funcionou como contra-exemplo. O som era parecido com o da broca do dentista e quem o controlava era o cabeleireiro.

Tim: É melhor ainda quando o contra-exemplo é algo de que a pessoa gosta. A senhora do exemplo acima disse que gostava de cuidar do cabelo, pois era algo que a fazia sentir-se mais atraente. Ela levou consigo ao consultório do dentista algumas dessas sensações positivas.

O elemento de segundo plano pode ser algo que está sempre presente: a temperatura, sensações nos pés ou nas mãos etc. Mas cuidado com o que escolherem. Perguntem à pessoa o que ela acha. Estávamos trabalhando com um homem alérgico à fumaça de cigarro.

Como sua esposa fumava, a alergia causava-lhe um grande problema. Usamos seus pés como elemento de segundo plano, como no caso de Gary, e ele imediatamente teve uma reação desagradável. Ele nos contou que era ex-fumante, mas que tinha parado de fumar quando seu médico lhe disse que estava tendo problemas de circulação nos pés!

Resumo do processo de primeiro plano/segundo plano

1. Identifique uma reação limitante que ocorra em um contexto específico (alergia, o som da broca do dentista, um tom de voz desagradável).
   a. Calibre a fisiologia associada à reação.
   b. O que está em primeiro plano? Do que a pessoa tem mais consciência?
2. Encontre um contra-exemplo adequado: um momento em que a pessoa deveria ter tido a reação, mas não teve, ou um contexto semelhante ao contexto limitante.
   a. O que está em primeiro plano? Do que a pessoa tem mais consciência?
3. Identifique algo que deva ocorrer tanto no contexto limitante como no contra-exemplo e que esteja fora da percepção consciente da pessoa. Qual é o segundo plano de ambos? (Por exemplo, a sensação na sola dos pés, o peso das roupas etc.) *Ancore* esta sensação.
4. *Enquanto mantém a âncora*, peça à pessoa que se concentre naquilo de que mais tem consciência na experiência do contra-exemplo. O objetivo é criar uma forte associação entre o que ela mais percebe conscientemente (primeiro plano) e algo que não espera que vá acontecer (segundo plano).
5. Solte a âncora e imediatamente peça à pessoa que se lembre e se associe a uma antiga experiência limitante.
6. Calibre a reação fisiológica. Caso a reação limitante ainda ocorra, volte ao 3º passo usando outro contra-exemplo, e fortaleça a associação entre as características de primeiro e segundo planos.
7. Faça uma ponte para o futuro, mantendo a âncora de segundo plano enquanto a pessoa imagina contextos futuros.

Resumo do processo do mapeamento cruzado de submodalidades

Há uma forma de usar contra-exemplos e submodalidades ao tratar de alergias. Em vez de usar a ancoragem, pode-se descobrir as submodalidades presentes quando o sistema imunológico estiver funcionando de maneira adequada e fazer um mapeamento cruzado até o ponto em que a reação é inadequada. Com freqüência, descobrimos que há uma diferença importante de submodalidade.[4]

1. Calibre.
2. Explique o erro do sistema imunológico.
3. Examine questões ecológicas e de ganhos secundários.
4. Encontre um contra-exemplo/recurso adequado. Traga à tona as submodalidades do contra-exemplo. Pode-se perguntar: "O que acha disto?" Essas são as submodalidades que o sistema imunológico da pessoa usa quando está reagindo adequadamente.
5. Traga à tona as submodalidades associadas à situação do alérgeno. Essas são as submodalidades que o sistema imunológico da pessoa usa quando está reagindo inadequadamente.
6. Enquanto a pessoa pensa no alérgeno, peça-lhe que faça um mapeamento cruzado com as submodalidades, para compará-las às submodalidades do contra-exemplo.
7. Faça uma ponte para o futuro.
8. Teste.

Notas

1. O *Mind Master* é um sofisticado instrumento de *biofeedback* a ser usado em um computador Apple2 ou um IBM compatível. Contém vários jogos de *biofeedback* e outros programas bastante úteis. Pode ser adquirido escrevendo-se para Behavioral Engineering, 230 Mt. Hermon Road, Santa Cruz, Califórnia 95066.

2. John N. Mackensie, "The production of the so-called 'rose cold' by means of an artificial rose" ("A criação do chamado 'resfriado de rosas' com uma flor artificial"), *American Journal of Medical Science,* 9, (1886): 45-57.

3. *The essential works of Pavlov* (Nova York, Bantam Books, 1966).

4. Veja *Usando sua mente — as coisas que você não sabe que não sabe,* de Richard Bandler (publicado no Brasil pela Summus Editorial).

Epílogo

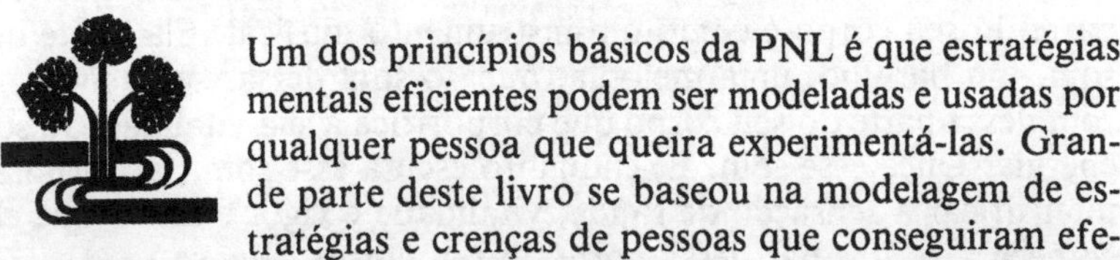

Um dos princípios básicos da PNL é que estratégias mentais eficientes podem ser modeladas e usadas por qualquer pessoa que queira experimentá-las. Grande parte deste livro se baseou na modelagem de estratégias e crenças de pessoas que conseguiram efetivamente curar-se de doenças graves ou fatais e de outros problemas físicos ou mentais. Os mesmos princípios podem ser aplicados e usados em outras áreas da experiência humana. Por exemplo, Wolfgang Amadeus Mozart é considerado um dos maiores compositores de todos os tempos. Como dissemos no início deste livro, o que diferenciava Mozart dos outros compositores talvez não fosse um misterioso talento musical, mas uma estratégia real e concreta que ele usava para organizar e integrar sua experiência. Ele usou essa estratégia de uma maneira que lhe permitiu atingir o grau de excelência a que chegou. Estudando cartas de Mozart descobri que ele tinha um processo mental de criação bastante explícito e extremamente elegante — e o modelei. Esse processo pode ser usado para criar harmonias em outras áreas que não apenas a das notas musicais. O exercício que apresento a seguir é uma meditação para a saúde baseada no processo mental formal usado por Mozart para compor. Embora o conteúdo tenha a ver com a experiência interna, a saúde e a vitalidade, a estrutura desta sinfonia psicológica foi extraída do mestre em pessoa.

Exercício

Dê um momento a si mesmo e perceba o seu corpo... tome consciência das suas sensações... talvez existam partes do seu corpo às quais não tenha prestado muita atenção durante o dia... Observe a simetria das suas mãos, do seu corpo, dos seus pés, o lado esquerdo em relação ao lado direito... e depois... preste atenção ao interior do seu corpo e descubra uma parte sua que sempre soube ser saudável... com a qual, apesar de qualquer doença que pudessse estar tendo, sempre pôde contar.

Trata-se de uma parte do seu corpo... talvez seu coração... talvez seus olhos... talvez seus lábios... talvez suas pernas... talvez seus ouvidos. Encontre uma parte que sempre lhe parece vital, sempre lhe parece saudável. A parte em que você *mais confia* em termos de saúde e vitalidade. (*Pausa.*)

Enquanto dirige sua percepção para essa parte, enquanto realmente entra dentro dela, *sinta-a*. Sinta essa parte da sua fisiologia, do seu corpo. (*Pausa.*) E, ao fazê-lo, comece a imaginar que essa parte do seu corpo é como um instrumento musical. Ela emite um som, um barulho, uma melodia, ouça o som dessas sensações... o som dessa parte do seu corpo que corporifica a sua vitalidade, a sua energia. Ouça esse som. E, enquanto escuta esse som, talvez possa intensificar a sensação de saúde, vitalidade e vigor e sentir que ela começa a se irradiar dessa parte do seu corpo. (*Pausa.*)

E, enquanto ouve o som e sente a sensação, enquanto inspira, talvez você possa cheirar o som. Você pode cheirar a sensação de vigor, de vitalidade. E prestar atenção ao cheiro que ela tem. É doce, lembra o cheiro de frutas? É apimentado? É aromático? E observe como é esse cheiro por dentro. E que gosto ele tem. Assim, você pode cheirar e saborear essa sensação, a sensação de vitalidade. (*Pausa.*)

Deixe que esse cheiro e esse som comecem a se espalhar. E pense em outras partes de seu corpo e em outras sensações que podem não ser tão saudáveis quanto você gostaria que fossem. Ouça os sons e sinta os sabores dessas partes do seu corpo, como se fizessem parte de uma refeição... parte de uma sinfonia... uma peça musical. E permita que o som, o cheiro e o gosto dessa sensação de vida, vitalidade e saúde sirvam como contraponto, uma dança com todas as partes do seu corpo. E ela começa a transbordar do seu interior. E você pode até enxergá-la como se fosse uma luz saindo dessa parte do seu corpo. Que tipo de cor, que tipo de luminosidade tem essa energia, essa vitalidade, enquanto ela dança no ritmo... nas cores... na música... com todas as outras partes do seu corpo... espalhando-se de dentro para fora... massageando todas as partes do seu corpo. (*Pausa.*)

E saiba que *essa* dança pode continuar. Mesmo durante a noite, em seus sonhos, durante o sono, no fundo da sua mente... essa música pode se espalhar... essa luz pode espalhar seu calor, seu sabor, por todo o seu corpo. E você poderá saboreá-la nas coisas ao seu redor, na comida que ingere, nos objetos que vê e nos sons que ouve. E saiba que os sons da vida e da saúde, as cores da vida e da saúde, os sabores da vida e da saúde podem estar à sua disposição. Se prestar atenção a eles, sua mente inconsciente poderá levá-lo a ingerir, ver e ouvir o que é mais adequado para você. (*Pausa.*)

E deixe que o processo prossiga em seu próprio ritmo, sua própria velocidade, da maneira mais ecológica para você.

E amanhã de manhã, quando acordar, que seja com uma sensação de energia e vitalidade, uma sensação de tranqüilidade, porém com um grau de prontidão que lhe permita sentir quando abre os olhos e entra em contato com o mundo ao seu redor. E mesmo os sons exteriores não poderão dissipar essa sensação de vitalidade e paz interior.

dentro para fora, massageando todas as partes do teu corpo. (Pausa.)

E sabe que está acontecendo com você. Mesmo durante o corre[illegible] [illegible], durante o sono, ao tarda de [illegible] [illegible] essa [illegible] [illegible] pode [illegible] espontânea[illegible] [illegible] pode [illegible] [illegible] [illegible] [illegible] [illegible] [illegible] você poderá [illegible] [illegible] [illegible] [illegible] [illegible] [illegible] [illegible] [illegible] [illegible] [illegible] [illegible] [illegible] e da saúde, [illegible] [illegible] da vida e da saúde [illegible] [illegible] [illegible] [illegible] [illegible] [illegible] [illegible] [illegible] [illegible] [illegible] [illegible] [illegible] [illegible] [illegible] [illegible] [illegible]

[illegible] que o próximo [illegible] em seu [illegible] [illegible] [illegible] velocidade [illegible] [illegible] [illegible] [illegible] você.

[illegible] de [illegible] [illegible] [illegible] [illegible] [illegible] [illegible] [illegible] [illegible] de energia [illegible] ao seu redor. [illegible] [illegible] [illegible] não poderão [illegible] [illegible] [illegible] [illegible] interior.

Bibliografia

ANDERSON, Jill. *Thinking, changing, rearranging: improving self-esteem in young people*. Portland, OR, Metamorphous Press, 1988.

ANDREAS, Steve and Connirae. *Transformando-se — Mais coisas que você não sabe que não sabe*, São Paulo, Summus Editorial, 1987.

BANDLER, Richard. *Usando sua mente, as coisas que você não sabe que não sabe*, São Paulo, Summus Editorial, 1987.

BANDLER, Richard e GRINDER, John. *The Structure of Magic I*. Palo Alto, CA, Science and Behavior Books, 1975.

__________. *The Structure of Magic II*. Palo Alto, CA, Science and Behavior Books, 1976.

BRY, Adelaide. *Visualization: directing the movies of your mind*. Nova York, Harper & Row, 1979.

DILTS, Robert. *Applications of Neuro-Linguistic Programming*. Cupertino, CA, Meta Publications, 1983.

__________. *Roots of Neuro-Linguistic Programming*. Cupertino, CA, Meta Publications, 1976.

DILTS, Robert; BANDLER, Richard; DELOZIER, Judith; CAMERON-BANDLER, Leslie; e GRINDER, John. *Neuro-Linguistic Programming, vol. I: The study of the structure of subjective experience*. Cupertino, CA, Meta Publications, 1979.

KAPLAN, Michel (ed). *The essential works of Pavlov*. Nova York, Bantam Books, 1965.

GAWAIN, Shajti. *Creative visualization*. Berkeley, CA, Whatever Publishers, 1978.

GRINDER, Michael. *Righting the educational conveyor belt*. Portland, OR, Metamorphous Press, 1989.

LEE, Scout. *The excellence principle*. Portland, OR, Metamorphous Press, 1985.

LEWIS, Byron e PUCELIK, Frank. *Magic of NLP demystified*. Portland, OR, Metamorphous Press, 1982.

SILVA, José. *The Silva mind control method*. Nova York, Simon & Schuster, 1977.

SIMONTON, Carl e MATTHEWS-SIMONTON, Stephanie. *Com a vida de novo*. São Paulo, Summus Editorial, 1987.

STONE, Christopher. *Re-creating your Self*. Portland, OR, Metamorphous Press, 1988.

TAYLOR, Carolyn. *Your balancing act: discovering new life through five dimensions of wellness*. Portland, OR, Metamorphous Press, 1988.

Glossário

ACOMPANHAMENTO: Imitar ou espelhar o comportamento de outra pessoa, incluindo a postura, o tom e a cadência da voz, a respiração etc. (Vide *Rapport*).

ACUIDADE SENSORIAL: A capacidade de ouvir, olhar ou sentir cinestesicamente pistas mínimas mostradas por outra pessoa em sua analogia.

ÂNCORA: Estímulo que produz na pessoa, de forma consistente, o mesmo dado interno. As âncoras ocorrem naturalmente. Bandler e Grinder descobriram que é possível estabelecer um estímulo com um gesto, um toque ou um som, para manter estável um estado. Os estímulos externos são equivalentes a um estado interno.

CALIBRAGEM: Uso da acuidade sensorial (visão, audição, tato) para observar mudanças específicas no estado exterior da pessoa, ou seja, nas palavras, no tom de voz, na postura, nos gestos, na cor de pele e na tensão muscular, para saber quando estão ocorrendo mudanças em seu estado interior.

COMO SE: Método que consiste em "fingir" um determinado comportamento como se fosse verdadeiro. Usado para criar um recurso.

CONGRUÊNCIA: Quando todos os "lados" da pessoa concordam com seu comportamento num contexto específico.

ESTADOS DISSOCIADOS: Quando o indivíduo se coloca na posição de observador mental de suas próprias ações e se vê como se fosse uma terceira pessoa — um observador.

ESTADOS ASSOCIADOS: Estados nos quais o indivíduo vivencia um acontecimento como se ele estivesse ocorrendo naquele exato momento. Por meio do seu próprio corpo, vendo pelos seus próprios olhos, a pessoa fica completamente envolvida naquilo que está vivenciando ou revivendo.

ESTADO: Reunião de todos os processos mentais da pessoa num único processo mental que afeta diretamente a fisiologia.

ESTRATÉGIA: Uma seqüência de representações internas (imagens, sons, palavras, sensações) que permitem atingir um objetivo determinado.

ESTRATÉGIAS DO GERADOR DE NOVOS COMPORTAMENTOS: Um processo durante o qual a pessoa revê a situação na qual ela não se comporta como gostaria e acrescenta novos recursos para lidar com aquela situação. A pessoa pode: (1) escolher um recurso ao qual já teve acesso no passado; (2) fingir que possui o recurso; ou (3) escolher uma pessoa que tenha aquele recurso e modelá-la.

IMPASSE: Uma cortina de fumaça. A pessoa "tem um branco" ou fica confusa quando o terapeuta está tratando de um problema.

INCONGRUÊNCIA: Ocorre quando a pessoa tem um conflito interno e duas mensagens são enviadas. O comportamento externo e as sensações internas não combinam e com freqüência revela-se uma assimetria na fisiologia da pessoa.

LADO (ou parte): Um conjunto de comportamentos ou uma estratégia. Por exemplo: "Há um lado meu que quer que eu emagreça".

METAMODELO: Dezessete formas diferentes de linguagem, usadas para reunir informações extremamente precisas, baseadas nos sentidos.

METAPROGRAMAS OU METACLASSIFICAÇÕES: Processos mentais que as pessoas usam habitualmente para classificar informações e entender o seu mundo.

MUDANÇA DA HISTÓRIA PESSOAL: Um processo de ancoragem da PNL que acrescenta recursos a lembranças de problemas do passado.

OBJETIVO: Um resultado final; a indicação de que ele foi atingido são determinados sinais sensoriais.

PADRÃO *SWISH*: Um processo da PNL gerador de submodalidades que programa o cérebro para tomar uma nova direção.

PISTAS VISUAIS DE ACESSO: Movimentos oculares relacionados ao pensamento visual, auditivo ou cinestésico.

PONTE PARA O FUTURO: Fazer com que a pessoa se associe a uma situação futura na qual uma pista externa irá provocar uma determinada reação interna ou um comportamento específico. Uma vez que o cérebro tiver experimentado esse processo, o comportamento ficará automaticamente disponível no contexto futuro.

PROCURA TRANSDERIVACIONAL: Normalmente denominada procura TD. Um processo no qual ancora-se uma sensação e, usando a âncora, a sensação é transportada para momentos do passado em que a pessoa teve essa mesma sensação.

PSEUDO-ORIENTAÇÃO NO TEMPO: Usada para reorientar a pessoa no passado ou no futuro.

RAPPORT: Estar no mesmo comprimento de onda de outra pessoa. Estar "em sincronismo" com ela. O *rapport* acontece quando estamos imitando o comportamento de outra pessoa em diferentes níveis.

REMODELAGEM: Na terminologia da PNL, trata-se de um processo de redefinição, no qual se leva em consideração um ganho secundário, que é a intenção por trás do comportamento. A remodelagem muda o ponto de vista da pessoa e cria novas opções.

SISTEMA REPRESENTACIONAL: As imagens, sons, palavras e sensações internos e externos que usamos para "representar" e tornar o mundo que nos rodeia mais compreensível.

SQUASH VISUAL: Processo de negociação entre dois "lados" ou polaridades internas que consiste em definir o que são esses "lados", identificar a intenção ou objetivo positivo de cada um deles e negociar um acordo entre eles visando a integração.

SUBMODALIDADE: Modalidade é o termo usado para definir um dos cinco sentidos — visão, audição, cinestesia etc. A submodalidade é um dos componentes ou das qualidades de uma modalidade. Por exemplo, sob a modalidade visual, as submodalidades incluem luminosidade, claridade, foco e tamanho de imagem, associação em contraste com dissociação etc. Dentre as submodalidades auditivas, temos: tom, volume, tonalidade, cadência, duração do som etc. E, dentre as submodalidades cinestésicas, temos: pressão, extensão, duração etc.

Anexo 1

Objetivos: condições para a boa formulação

I. O que você deseja?

A. O que você conseguirá ao atingir o objetivo determinado?
B. Este objetivo determinado:

1. Está especificado em termos positivos (o que você *quer*, em vez de o que você não quer)?
2. Pode ser iniciado por você?
3. Pode ser controlado por você?
4. É global ou pode ser segmentado? Se necessário, segmente-o em elementos menores.

II. Como saberá que atingiu seu objetivo? (Procedimento de indícios.) Esses indícios são descritos em termos sensoriais (visão, audição, tato, olfato, paladar)?

III. Onde, quando e com quem quer atingir o objetivo? (Contexto)

IV. O que o impede de atingir seu objetivo agora?

V. Quais as conseqüências positivas e negativas da obtenção do objetivo?

VI. De que recursos precisa para atingir seu objetivo? (Informação, atitude, estado interno, treinamento, recursos financeiros, ajuda ou apoio de outras pessoas etc.)

VII. O primeiro passo para atingir seu objetivo é específico e possível de ser realizado?

VIII. Há mais de uma *maneira* de atingir seu objetivo?

IX. Que estruturas de tempo estão envolvidas?

X. Imagine-se entrando no futuro e tendo atingido plenamente seu objetivo. Olhe para trás e examine os passos necessários que o fizeram atingir seu objetivo.

ROBERT DILTS

Robert Dilts é autor, criador e consultor em Programação Neurolingüística (PNL) desde que ela foi criada, em 1975, por John Grinder e Richard Bandler. Além de estudar e trabalhar durante muito tempo com Grinder e Bandler, Dilts estudou diretamente com o dr. Milton H. Erickson e com Gregory Bateson.

Reconhecido internacionalmente como um dos melhores instrutores e profissionais de PNL, Robert Dilts vem dando consultoria e treinamento para muitos profissionais da comunicação e empresas tanto na América do Norte como na Europa. Além disso, tem dado inúmeras palestras sobre PNL, para várias instituições, entre elas a Universidade de Harvard, o US Festival e a Associação Californiana de Profissionais da Área de Educação Especial.

É o principal autor do livro *Neuro-Linguistic Programming*, vol. I, usado como texto padrão de referência sobre o assunto, e escreveu ainda dois livros e vários artigos e monografias sobre a PNL.

É formado em tecnologia comportamental pela Universidade da Califórnia, em Santa Cruz. Recebeu um prêmio em 1977 por sua pesquisa sobre movimentos oculares e a função cerebral realizada no Instituto de Neuropsiquiatria Langley Porter, em São Francisco.

Desde 1982, é o presidente da Behavioral Engineering, uma empresa de programas de computação que utiliza conceitos de PNL para criar produtos de computação para a educação, treinamento e desenvolvimento pessoal. É autor de mais de vinte programas de computador, entre eles o Mind Master, uma interface especial que permite ao computador receber e responder a padrões humanos de pensamento.

TIM HALLBOM

Além de fornecer mais de 100 mil horas de treinamento em comunicação e mudança comportamental para pessoas e empresas públicas e privadas, Tim tem dedicado milhares de horas em pesquisas sobre o estresse, a saúde, estilo de vida e produtividade pessoal. Também tem consultório como terapeuta, onde vem trabalhando com pessoas com problemas de saúde.

Tim tem o diploma de instrutor no campo da Programação Neurolingüística e é assistente social, formado pela Universidade de Utah em 1972. Atualmente é o presidente da Associação Nacional de Programação Neurolingüística.

SUZI SMITH

Após se formar em piano, Suzi Smith começou por acaso a trabalhar com assistência social. Esta experiência aumentou seu interesse em ajudar as pessoas a melhorar seu estilo de vida. Em 1979, começou a estudar o relacionamento entre os padrões de comportamento e a saúde e ficou ainda mais interessada em ajudar os outros a ter mais controle sobre seu bem-estar.

Desde 1978, tem trabalhado muito em treinamento de produtividade pessoal. Em 1981, com a colaboração de Tim Hallbom, criou a Western States Training Associates, empresa que oferece treinamento e consultoria a empresas públicas e privadas e na qual continua a conduzir seminários de treinamento.

É formada em música pela Universidade de Utah, recebeu o mestrado em Ciências do Instituto Politécnico de Virgínia e é diplomada em PNL como practitioner, master practitioner e instrutora.

Para maiores informações sobre treinamento, favor escrever para:

Dynamic Learning Center
P.O. Box 1112
Ben Lomond, CA 95005
(408) 336 3457

Western States Training NLP of Utah
1569 East Waterbury Dr.
Salt Lake City, Utah 84121
(801) 278 1022

NOTAS PESSOAIS

Pensamentos

"Aquele que pode ver o que é invísivel pode fazer o impossível."
Frank L. Gaines

NOTAS PESSOAIS

Objetivos

"Objetivos são sonhos com prazos preestabelecidos."

NOTAS PESSOAIS

Etapas de ação

"É bom aparar a grama enquanto ela está curta."
John Klovas

NOTAS PESSOAIS

Diário de progressos

"É bom pensar bem, é sábio planejar bem e, melhor e mais sábio do que tudo, é fazer bem."
Provérbio persa

NOTAS PESSOAIS

Idéias

"A mente é como um pára-quedas — só funciona quando aberta."
Lorde Thomas Dewar

NOTAS PESSOAIS

Lista de Presentes
Amigos a quem enviar "crenças":

leia também

ALÉM DA LÓGICA

UTILIZANDO SISTEMAS PARA A CRIATIVIDADE E A RESOLUÇÃO DE PROBLEMAS

Joseph O'Connor, Ian McDermott

Apresenta a arte de pensar utilizando sistemas, o que significa empregar padrões de pensamento que vão além dos fatos isolados e conceitos lógicos tradicionais, estabelecendo conexões mais profundas entre os eventos. Fundamental, já que a noção de sistema se encontra presente em quase todos os aspectos da vida.

REF. 10728 ISBN 978-85-323-0728-6

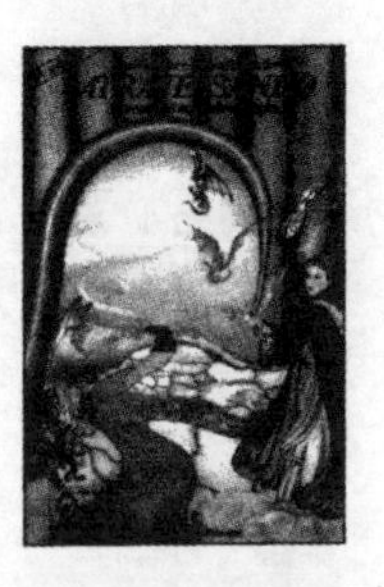

ATRAVESSANDO

PASSAGENS EM PSICOTERAPIA

Richard Bandler e John Grinder

Este livro estabelece a correlação entre a programação neurolingüística e a estrutura da hipnose, transformando a "magia" dos estados alterados num grande número de princípios e técnicas específicas visando modificação de comportamento. Os autores mostram assim como utilizar tais estados na busca de uma mudança pessoal, profunda, produtiva e evolucionária.

REF. 10179 ISBN 85-323-0179-7

A ESSÊNCIA DA MENTE

USANDO SEU PODER INTERIOR PARA MUDAR

Steve Andreas e Connirae Andreas

Abordagem ao mesmo tempo poderosa e suave no campo da programação neurolingüística, que permite superar os problemas da vida cotidiana. A descoberta de caminhos para melhorar a auto-estima e os relacionamentos e criar motivações positivas. Relatos de experiências de pessoas que tiveram suas vidas alteradas ao entrar em contato com seu poder interior de transformação.

REF. 10417 ISBN 85-323-0417-6

KNOW-HOW

COMO PROGRAMAR MELHOR O SEU FUTURO

Leslie Cameron-Bandler, David Gordon e Michael Lebeau

Se você deseja transformar seus sonhos em realidade, manter hábitos saudáveis de alimentação e saúde, deixar de fumar, ter uma vida sexual gratificante e ser um pai ou uma mãe melhor, encontrará soluções nas técnicas da programação neurolingüística.

REF. 10290 ISBN 85-323-0290-4

leia também

O MÉTODO EMPRINT

UM GUIA PARA REPRODUZIR A COMPETÊNCIA

Leslie Cameron-Bandler, David Gordon e Michael Lebeau

Um livro de programação neurolingüística destinado a abrir caminhos para se obter novas habilidades, talentos e aptidões. Um método para transformar possibilidades em realizações mediante a aquisição de novos padrões mentais de auto-ajuda.

REF. 10396 ISBN 85-323-0396-X

MODERNAS TÉCNICAS DE PERSUASÃO

A VANTAGEM OCULTA EM VENDAS

Donald J. Moine e John H. Herd

O processo de vendas é muito mais do que um processo racional, já que o emocional é básico para uma boa venda. O treino especial, ou a verdadeira "mágica de vendas" descrita neste livro, possibilitará ao vendedor uma maior interação com o cliente e, como resultado, um grande sucesso de vendas.

REF. 10324 ISBN 85-323-0324-2

MUDANDO O SEU DESTINO

NOVOS INSTRUMENTOS DINÂMICOS DE ASTROLOGIA E DE VISUALIZAÇÃO PARA FORMAR O SEU FUTURO

Mary Orser e Richard Zarro

Na época em que vivemos, antigas profecias estão se realizando, segredos esotéricos tornaram-se simples. Trata-se da era de Aquário, era de ouro para a paz e esclarecimentos espirituais. Este livro é um guia para a vivência dessa grande transformação pessoal e global e uma forma de interferência em movimentos considerados inexoráveis.

REF. 10149 ISBN 85-323-0149-5

O REFÉM EMOCIONAL

RESGATE SUA VIDA AFETIVA

Leslie Cameron-Bandler e Michael Lebeau

Muitas pessoas são vítimas de suas emoções, prisioneiras de medos, tristezas ou mágoas. Este livro é uma análise de como e por que ocorrem as emoções, e como usá-las em benefício próprio. Por meio de exercícios de PNL, os autores ensinam a utilizar nosso emocional de forma satisfatória e produtiva.

REF. 10397 ISBN 85-323-0397-8

leia também

RESIGNIFICANDO

PROGRAMAÇÃO NEUROLINGÜÍSTICA E A TRANSFORMAÇÃO DO SIGNIFICADO

Richard Bandler e John Grinder

O significado de qualquer evento depende da "moldura" em que o percebemos. Se mudamos a "moldura", mudamos o significado. E assim mudam também as respostas e o comportamento da pessoa. Este livro completa a proposta dos autores da programação neurolingüística iniciada com *Sapos em príncipes* e *Atravessando*.

REF. 10233 ISBN 85-323-0233-5

SOLUÇÕES

ANTÍDOTOS PRÁTICOS PARA PROBLEMAS SEXUAIS E DE RELACIONAMENTO

Leslie Cameron-Bandler

Inspirado na programação neurolingüística, é conjunto de técnicas simples e confiáveis para solucionar problemas sexuais e conjugais. São sugestões para se conseguir exprimir paixão, amor, intimidade e ternura, bem como a forma de utilizar toques, gestos, sons e sinais para ter experiências profundas e enriquecedoras.

REF. 10064 ISBN 85-323-0064-2

TRANSFORMANDO-SE...

MAIS COISAS QUE VOCÊ NÃO SABE QUE NÃO SABE

Steve Andreas e Connirae Andreas

Neste livro, os autores aprofundam e ampliam a compreensão de como, através da linguagem, podemos ter acesso às experiências passadas e apresentam novas combinações, seqüências e caminhos para utilizá-las. São explorados os padrões mentais que nos fazem ser como somos e oferecidos os meios para rapidamente mudarmos nosso comportamento.

REF. 10069 ISBN 85-323-0069-3

USANDO SUA MENTE

AS COISAS QUE VOCÊ NÃO SABE QUE NÃO SABE

Richard Bandler

Num texto claro, Richard Bandler mostra as diversas maneiras que usamos para pensar sobre nossos problemas cotidianos e resolvê-los. Dependendo do tamanho, luminosidade, distância das nossas imagens internas, reagimos diferentemente aos mesmos pensamentos. À medida que compreendemos esses princípios, podemos mudar nossas experiências para reagir de um modo mais adequado.

REF. 10309 ISBN 85-323-0309-9

Grupo Summus
www.gruposummus.com.br
www.gruposummus.com.br
Acesse, conheça o nosso catálogo e cadastre-se para receber informações sobre os lançamentos.

www.gruposummus.com.br